# LA VIDA REAL DE UNA MESTIZA

Juana Redondo Moreno

# Vida real de una mestiza

bubok
EDITORIAL

ME ROBARON MI INFANCIA,


MI ADOLESCENCIA


Y MI JUVENTUD.

# PRIMERA PARTE DE MI VIDA

De padre payo y madre gitana.

Cuando mi madre se puso de parto me tuvo en casa, ayudada por una matrona y por mi padre. Pues, mi nacimiento fue muy raro. Yo nací en una silla. Cuando vine al mundo mi padre fue el primero que me cogió en sus brazos. Nací en Linares, provincia de Jaén, el 7 de marzo de 1968, pero mis padres no pudieron presentarme en el Registro Civil al no estar casados ni mi madre bautizada. Hasta que no solucionaron todo no me pudieron inscribir. Cuando se casaron mi madre recibió su bautismo, su primera comunión y a mí me bautizaron, todo en el mismo día. En el Registro aparezco como si hubiera nacido el día 13 marzo.

En mi humilde barrio vivían gitanos y payos. Ahí pasé mis primeros meses de vida. Mi padre trabajaba en la mina del carbón, pero por razones mayores nos tuvimos que marchar.

Desde que era muy pequeña ya llamaba mucho la atención. Mi madre me contó que viajando en tren se acercó un hombre árabe y les dijo a mis padres que si me vendían, que él compraba a la niña. Mis padres se asustaron y le respondieron que la niña no se vendía, pero el hombre no me quitaba ojo de encima. Mi madre iba todo el trayecto asustada. Era normal. Me contó que hasta que no llegaron a su destino no respiró bien.

Pues nos fuimos a vivir a la mina Diógenes, en Castilla-La Mancha. Ahí estuvimos dos años y ahí nació mi hermano. Nos llevábamos dieciséis meses. Un día como otro cualquiera, mi madre estaba planchando y llegó el pescadero y empezó a llamarme. Al ver que no contestaba, salió al patio y allí estaba yo pero de cabeza dentro de un barreño de agua. Ella se puso nerviosa porque pensaba que estaba muerta. Al mismo tiempo pasaron por la puerta dos vecinas. Una de ellas se llamaba Dolores y fue la que me salvó la vida. Me cogió en brazos y me llevó corriendo al medico. Pues ahí me reanimaron. Cuando llegó mi madre con la otra vecina que se quedó con ella porque le dio un ataque de nervios, les dijo el médico que estaba viva de milagros.

Yo no sé cómo reaccionaría mi padre cuando se lo contó. Nunca me lo ha dicho. Lo único que sé es que nunca le he visto cariñosa conmigo o que yo me acuerde. Yo comprendo que tuvo que ser un mal trago para ella, pero yo era muy pequeña y todos los niños hacen travesuras.

De allí nos mudamos a donde vivía mi abuela materna, en Puertollano, en unos barrios que había a las afuera del pueblo. Había cuatro barrios y nosotros vivíamos, como se suele decir, en unas escombreras, que yo recuerdo que estaban llenas de serpientes casi siempre. En verano mi padre mataba muchas. No había agua en las casas y había que desplazarse al otro barrio para ir a por ella.

Yo tenía cuatro años por entonces. Se podía decir que era una niña normal, pero una mañana me levanté antes que mis padres y fui derecha a su habitación pues la verdad yo pensaba que estaban jugando. Mi padre me chilló y me fui corriendo de ahí. Recuerdo que me fui a casa de mi abuela y un día estaba jugando con mi primo. Nos solíamos ir a una casilla abandonada. Era especie un molino. Yo le dije a mi primo que jugáramos como mi papá y mi mamá, y él me dijo «vale». Yo qué iba a saber que eso estaba mal si era una niña. Mi padre fue a por mí y con una correa fue dándome correazos hasta llegar a casa. Mi primo, que tenía mi edad, corrió y llamó a mi abuela. Cuando llegó, mi padre me tenía atada a una parra como si fuese una india. Mi abuela le dijo «Suéltala» y se liaron a discutir. Recuerdo las palabras de mi abuela. Les dijo que si la niña estaba jugando a eso era porque los había visto, si no, ella no haría eso. Lo que dijo mi abuela era verdad, yo lo vi como un juego nada más.

Después de aquello todo iba normal, pues mis padres empezaron a trabajar de jornaleros de la aceituna y a vendimiar. Como yo era la mayor me tocaba cuidar de mis hermanos. Cuando llegaba la época que nos teníamos que ir, pues nosotros también nos íbamos con ellos al campo, lo pasábamos muy mal. Por las mañanas hacía mucho frío y a mí me ponían a coger aceitunas del suelo; las manos se que daban acorchadas. A mi hermano siempre lo tenía a mi lado. Como era muy pequeño, mi madre lo liaba en una manta. Recuerdo que mi padre encendía una lumbre y calentaba piedras, después las liaba en un trapo y me las ponía en las manos para calentarme hasta que salía el sol. Y así era toda la temporada hasta que se acababa. Después volvíamos a casa. Qué alegría me daba, pero lo bueno se iba acabar para mí.

Solía ir con mi abuelo —en realidad no era el verdadero padre de mi madre, pero para mí era mi abuelo—, todas las tardes a por la leche. Teníamos que ir a la vaquería que estaba en el otro barrio. Una tarde estaba oscureciendo, apenas se veía nada. Yo fui a echar el pie y me dijo: «Tote, no te muevas». Yo me quedé con el pie en alto y sin poder moverme. Lo vi que cogió una piedra y con ella mató a una serpiente. Qué susto me llevé. Lo cogí de la mano y no lo solté hasta que llegamos a casa.

Ese mismo año, en 1973, sucedió una desgracia que marcaría mi vida para siempre. Mi tío, al que más quería, se mató a consecuencia de una caída. Unos días antes lo mandó mi madre a la tienda. Él iba en bicicleta. A mi madre se le olvidó una cosa y lo llamó. Al mirar para atrás se cayó al río. Por desgracia los médicos no pudieron hacer nada, pues él era hemofílico. Tan mala suerte que en esa época no existía el factor, no había solución ninguna para él, más que esperar morir. Tan solo tenía catorce años. Yo recuerdo muchas cosas buenas de él. Todavía tengo dos muñequitas que me compró juntando las fundas de chocolates. Las tengo como un tesoro. No había otro tío igual como él ni lo habrá para mí.

Cuando murió, mi abuela le echó las culpas a mi madre. Desde entonces no se llevaron bien aunque los médicos le dijeron a mi abuela que no había muerto solo de eso, pues llevaba otro golpe en el estómago, o sea que tenía otra bolsa de sangre en el cuerpo y se reventó a consecuencia de la caída, y que de todas su destino era morir. Eso fue muy fuerte para una madre.

Ahí empezaron las discusiones entre mi madre y mi abuela, pero a mí no me importaba nada. Yo siempre me iba a casa de mi abuela. Eso eran cosas de mayores. Ese mismo año nació mi segundo hermano, otro más para cuidar. Por lo mismo, no tuve una infancia normal. Cuando pillaba la ocasión me iba también a casa de mi abuela Rosario, que era la madre de mi padre. Era cuando yo me sentía como una verdadera niña. Jugaba con mi prima Elena. Nos llevamos muy bien pues ella era hija única y yo sola de niña en mi casa. Pero lo bueno se me acababa pronto. Cuando le hacía falta a mi madre enseguida iban a por mí.

Un día me dijo mi abuela Rosario que si me iba con ella y con mi tía Mari que era la hermana pequeña de mi padre. Yo les dije: «Vale, a ver si me dejan mis padres». Ella vino conmigo a casa y les dijo que solo era para una semana. Ellos dijeron que si era solo para ese tiempo sí y me fui con ellas, pero al llegar allí las cosas iban cambiar. Mi tío Andrés, hermano de mi padre, lo llamó por teléfono, le dijo: «Hermano, vente para acá, que aquí hay trabajo» Él le contestó: «Vale». Y le dijo: «¿Y la niña?, ¿qué vas a hacer?» «Se viene con mamá porque nosotros vamos a tardar un mes». Mi tío contestó: «No te preocupes que de eso ya nos encargamos nosotros». Ahí fue la primera vez que fui al colegio, me compraron ropa, me enseñaron a patinar. Yo alucinaba. Llevaba dos semanas muy bien, pero eso fue cambiando poco a poco. La mujer de mi tío empezó a mostrar su verdadero yo. Cuando estaba mi tío ponía cara buena, se portaba muy bien conmigo, pero cuando él no estaba parecía la bruja del cuento. Era muy mala conmigo. Le cogí terror una tarde. Como siempre, me ayudaba a hacer las tareas. Yo tenía que traducir las palabras del castellano al vasco pues a mi no me salían. Entonces me cogió por los pelos, me dio contra la mesa y me partió el labio. Ella se asustó mucho pero no por mí, sino por mi tío. Me dijo: «Cuando venga tu tío le dices que te lo has hecho tú». Pero me lo dijo con un tono de voz alto. Yo le dije: «Vale».

Cuando llegó a casa mi tío me dijo: «Sobrina, ¿qué te ha pasado?». Ella se metió en el cuarto. Yo le dije que me lo había hecho yo en el cole, pero mi tío enseguida se dio cuenta. Yo me aterré porque él fue para el cuarto y empezaron a discutir. Esa noche no dormí. Esperé hasta que él se levantó para irse al trabajo. Muy despacio fui detrás de él pues trabajaba muy cerca del piso. Cuando llegó al corte un compañero le dijo: «¡Anda, Andrés, hoy te has traído compañía!», y él respondió que no. El compañero le dijo que mirara en la esquina. Mi tío se acercó y me dijo: «Sobrina, ¿cómo me haces esto? Tú no puedes estar aquí». Yo le dije: «Sí, yo te ayudo». Los compañeros no paraban de reír. Cogió y me llevó de vuelta al piso. Por el camino iba preguntándome que por qué me había ido detrás de él. Yo le dije que me daba miedo la tita Teresa. Él me dijo que no me iba a pasar nada. Llegamos al piso, me dejó y me dijo: «No salgas hasta que se levante la tita para que te lleve al cole». Yo le contesté que le iba hacer caso. Me dio un beso y se fue al trabajo.

Yo estaba deseando que llegaran mis padres. Por fin llegaron y nos fuimos a una casa. Ahí duró mi padre poco. No sé qué les pasaba con mi tía, una hermana de mi padre, porque salieron discutiendo. Otra vez de vuelta a casa. Yo tenía siete años cuando llegamos. Era la rutina de siempre: ayudar a mi madre, que me mandaba a por agua al otro barrio y tenía que ir con un carro. Cada vez que iba a por el agua me embelesaba de ver a los demás niños en el cole.

Una mañana se acercó una señorita y me preguntó que por qué no estaba en el colegio. Yo le contesté que porque tenía que ayudar a mi madre. No me dijo nada más. Al otro día se presentó esta señorita en mi casa y le dijo a mi madre que por qué no mandaba a los niños al colegio, por lo menos a los más grandecitos. Mi madre estuvo de acuerdo y nos apuntó. Yo estaba tan contenta, pero no imaginaba que mi hermano no iba a ir todos los días si yo la mayoría de las veces tenía que ayudar; eso no lo veía bien, pero eso era mi rutina diaria.

Como mi padre se había comprado un coche, un fin de semana nos dijo: «Nos vamos a ir a ver al tío Victorio al campo, en Andújar». A nosotros nos dio mucha alegría pues apenas salíamos a divertirnos. Yo no los conocía pues tenían muchos hijos, algunos de mi edad, y no los pasábamos muy bien cada vez que íbamos allí. Lo peor era la vuelta porque a mí me tocaba ayudar más que ninguno. Pero bueno, eso era lo que me tocaba por ser una niña. Aunque yo quería mucho a mis padres, para mí mi papá era muy cariñoso, mi madre no tanto, se tiraba más para mis hermanos, no sé por qué.

Un año fuimos a la vendimia todos pero a mí me tocó quedarme con mis hermanos. Una noche fui a orinar. Al rato salió mi madre y me dijo: «Niña, no te muevas». Yo le dije que por qué. Ella me chilló y me dijo: «¡Estate quietecita ahí!» Pues yo le hice caso. Entonces vino con mi padre y él me dijo: «Cuando yo te diga "ahora", te levantas». Cogió un pedrusco y me dijo: «¡Ahora!» Yo pegué un salto de ahí pues estaba refrescando a una serpiente. Yo les pregunté que por qué siempre me salían a mí. Y me contestaron que no lo sabían, pero lo cierto es que desde muy chica siempre me salían y no me lo explicaba.

Cada vez era peor para mí. Ese mismo año también. Al regresar a casa empecé a ir al colegio pero enseguida empezaron las faltas, no terminaba ni un curso entero. Si aprobaba era por los exámenes, por eso fui pasando de cursos.

Al año siguiente nos cambiamos de casa a otro barrio más arriba. Ahí fui conociendo a la familia de mi madre. Conocí a su padre. Empezaron a venir casi todos los viernes pues se dedicaban a la venta ambulante. Uno de esos domingos, mi abuelo me dijo: «Juanilla, te vienes y conoces tu pueblo». Yo le dije que sí y se lo pregunté a mis padres. Era solo una semana y estuvieron de acuerdo. Así que fui a ver mi tierra natal y a las hermanas que tenía mi madre por parte de padre. Yo me sentía una reina. Todo lo que pedía, mi abuelo me lo compraba. Me llevaba muy bien con mis tías, sobre todo con mi tía Fefi, que era más o menos de mi edad, y con mi tía Ramona, que estaba casada. Me gustaba estar con ella. En cambio, a mi tía Ballilli siempre le hacía muchas perrerías, me subía encima de ella y le tiraba de las trenzas pues tenía el pelo muy largo. Ella se quejaba con mi abuelo pero él no le hacía caso. Ella le decía: «Como es su nieta, todo se lo consiente». Cuando no estaba mi abuelo y le hacía algo e iba a pegarme, mi tía Fefi me defendía. Yo disfrutaba como lo que era: una niña. Desde entonces me iba más a menudo con ellos a mi tierra.

Cuando llegaba, mi abuelo José me decía: «Ya no me quieres desde que te vas con tu otro abuelo». Yo le decía que sí lo quería, mucho más incluso que a el otro. Eso era verdad. Aunque no lleváramos la misma sangre para mí era especial. Yo estaba creciendo y ya entendía muchas cosas. Él subía todos días donde nos mudamos a vivir. Muchas veces se quedaba a comer en casa. Mi madre lo quería mucho también, pues él la había criado. Era en realidad como su padre. Como dice el refrán: «Padre no es el que engendra sino el que cría». Para nosotros era nuestro abuelo, el padre de mi madre no existía más.

Aunque el otro abuelo era también muy bueno con nosotros, sobre todo conmigo, con mi madre no tanto. Siempre tenían sus rencillas, como se suele decir, sus peleas. Estuvo un tiempo sin venir y otra vez empezamos a ir a donde el tío de mi padre. Al campo solíamos ir casi todos los fines de semanas, pues a mi padre le gustaba mucho la caza y cuando había cacería entonces íbamos.

Cuando hice mi Primera Comunión, me puse tan contenta. Pensaba que me iban a comprar un vestido de princesa e iban a invitar a mucha gente, por lo menos a la familia. Pues no fue así. El vestido fue prestado y los únicos asistentes fueron los tíos de mi padre, que eran los padres de mi prima Elena y vivían enfrente de casa, mi abuela Rosario, mi tía Mari y los de la casa, y porque eran mis dos hermanos pequeños, si no, yo creo que tampoco.

Ya tenía yo diez años y ese año fueron a la vendimia de Francia. Nos dejaron a cargo de mi abuela Dolores, pero con la condición de que los dos mayores fuéramos al colegio y el pequeño se lo quedara mi abuela. Así nos tiramos un mes, pero un día me di cuenta de que mi hermano pequeño tenía bocados y arañazos, y les pregunté que quién se los había hecho. Mi abuela me dijo: «No te enfades, Tote, habrán sido entre ellos». Tenían primos de su edad. Pero yo le dije: «Como lo vea otra vez mordido, no voy a la escuela». Y así fue. Dejé de ir a la escuela. Al ver que no iba, la profesora fue buscarme un día, pero mi abuela no estaba y me dijo: «Juani, ¿por qué no vas al colegio?» Yo se lo expliqué y le dije: «Si viene mi niño, voy, si no, no voy». Ella me dijo que era muy pequeño, pues tenía dos años y medio. Yo le contesté que entonces no y me dijo que iba a ver lo que podía hacer. Yo no le conté nada a mi abuela. Al otro día vino la profesora y me dijo que sí, que podía ir mi hermano pero con la condición que no podía hacer ruido en clase. Yo le dije: «Seño, de eso me encargó yo. Mi Luisito es muy bueno». Así fue como le inculqué a mi hermano los dibujos. El pobrecito no se movía para nada hasta que salíamos al recreo. Todos los profesores no daban crédito conmigo, me decían que era una madraza. Yo ya estaba harta de estar donde mi abuela porque se metían mucho con mis hermanos. Yo no sé por qué hacían eso con nosotros si nosotros no nos metíamos con ellos para nada. Le dije a mi abuela: «Siempre defiendes a tus otros nietos porque son gitanos y nosotros mestizos, pues quédate con ellos que yo me voy a la casa de arriba con mis hermanos». Ella me contestó: «Pero niña, tú no estás bien». Y, cogiendo la ropa, le dije: «Estoy perfecta». Entonces me dijo que iba a llamar por teléfono a mi madre y le dije que lo hiciera y que le contara lo que hacían sus nietos con los niños. Yo no hice caso, cogí y me fui para arriba aunque mis padres tenían la otra casa al lado de mi abuela. Me fui a la de arriba pues en la de abajo me daba miedo por las serpientes.

También sabía que arriba tenía mi madre cosas para comer y el panadero me dio el pan fiado hasta que llegaron mis padres. Así pasé de ser niña a mujer. No tenía ni tiempo para jugar. Por las mañanas me levantaba como toda una mujercilla, bañaba a mis hermanos, desayunábamos y nos íbamos al colegio los tres. Yo sola aprendí a hacer de comer para mí y mis hermanos y por lo menos nadie les ponía una mano en lo alto.

Cuando acabaron la vendimia, mi madre me regañó porque había hecho lo que hice. Yo les dije a mis padres: «Ni se os ocurra dejarnos más con ellos». Me eché a llorar y les dije que para ellos éramos extraños y que se metían con nosotros dos siempre. Y que me tocaba discutir con la abuela, que sacaba la cara más por ellos. «Pues que se queden con sus nietos porque yo no soy tonta». Mi madre dijo: «Bueno, ya está, no te dejo más con ella».

Por la mañana mi madre fue al colegio y la señorita se lo explicó todo, y le dijo: «A Luisito lo dejas aquí en el cole porque es muy listo y va muy bien». Mi madre se quedó asombrada de lo que le contó, de todo lo que pasé y cómo me portaba con mis hermanos. Estuve yendo unas semanas otra vez a lo de siempre, a ayudarle a ella pues traía un francesito, como yo le decía, dentro de la barriga. Otro más a la cuadrilla.

A mi padre le salió una finca para hacer picón así que otra vez todos sin ir al colegio, todos a ayudar. Nos íbamos con mis padres y mientras ellos quemaban, mi hermano Paco y yo amontonábamos la leña. Cuando tocaba hacer la colada, allí estaba yo. Una mañana me mandó mi madre al río a lavar la ropa. Iba con mi perrita Vanesa y mi cabrita Lucerita. A todos mis animales les ponía nombres. Empecé a lavar y como estaba a lo mío no me di cuenta hasta que mi Vanesa empezó a ladrar y mi Lucerita vino hacia mí. En esto, que miro para atrás y que veo una jabalina con las crías. Eso ya no me gustó ni un pelo. Cogí en brazos a mi cabrita y llamé corriendo a mi Vanesa porque ella le hacía cara, pero cuando dije: «¡Corre!», corrimos las tres como si de una estampida se tratara. Yo dejé la ropa tirada. No pensé en nada más que en mis niñas, como yo las llamaba. Cuando subí el cerro para arriba mi madre me preguntó por la ropa y le dije: «Anda ve tú a por ella si te atreves, porque yo no bajo». Cuando vino mi padre mi madre le dijo que fuera a por la ropa y mi padre le dijo que creía que había ido ella. Mi madre le contestó que no porque yo no le quería decir lo que había. Tanto insistió mi padre que se lo dije: «Pues una jabalina con un montón de hijos». Mis padres se echaron a reír y les dije con mala uva: «Mamá, ¿por qué no has bajado tú si tan valientes eres?». Y me dijo que ella no iba, que fuera mi padre y que le daba igual que se quedara ahí la ropa. Y yo le dije que a mí también me daba igual. Pues le tocó a mi padre bajar a por ella.

En esa finca conocí a otros primos de mi padre, pues mientras estuvimos ahí todos los domingos iban a comer con nosotros. Yo me escabullía de vez en cuando con otro niño que había en la finca. Él aprovechaba cuando venían sus primos, era como podía jugar un rato.

Un mediodía vino el cuñado de mi madre con galgos. Ni me imaginaba lo que iban hacer pues yo estaba dentro del cortijo cuando sentí a los perros ladrar y a mi Lucera chillado. Salí a la calle y me la estaban matando. Ni corta ni perezosa cogí un palo y me lie a darles palos como una loca. Entonces salió mi tío y se lio a voces conmigo. Me decía que los dejara porque los iba a matar y yo le contesté, llorando, que ellos habían matado a mi cabrita. Él se rió y me dijo que no pasaba nada, que ya teníamos carne. Yo le dije: «Eres muy gracioso y pues a mí me sale la gracia del culo».

Mi padre quería arreglarla para comérnosla. Yo por supuesto no lo dejé y le dije que quería que la enterráramos y le pusiéramos una cruz. Mi padre me dijo: «¡Pero niña, cómo voy a hacer eso!». Al ver cómo me encontraba, lo hizo. Yo le dije que ya no quería estar más allí y me fui corriendo al cuarto del cortijo y ese día ni comí. Recuerdo que mi padre me dijo con tono de cachondeo: «A ver si te vas a poner luto». Yo le contesté: «Sí, ¡qué pasa!» Estaba harta de tanto campo y deseaba que se terminara la temporada. Cuando se acababa, qué alegría me entraba.

Cuando llegamos a casa yo pensaba que me iban a mandar al colegio como a mis hermanos, pero no, mis padres decían que las niñas eran para ayudar en casa. Yo les decía que eso era mentira porque todas mis amiguitas iban. Ellos me decían: «Vale, pues aquí se hace lo que nosotros decimos y en casa es donde tienes que estar». Yo pillaba unos berrinches pero de nada servía porque a ellos les daba igual, sobre todo a mi madre. Estaba hartita de esa vida.

Un domingo dijeron mis padres de ir a la casa de abajo a comer allí pues todavía no la habían vendido. Yo estaba jugando arriba con mis primos y hermanos, cuando de pronto oímos chillidos. Venían de la parte de abajo. Nos asomamos y era mi prima Elena, pues una nena mayor que ella le estaba pegando. Salí corriendo cuesta abajo. Como pude se la quité de encima. Yo tenía diez años, la nena dieciséis y mi prima doce. La estaba ahogando, no podía casi respirar. Pero Dios me dios fuerza y la cogí de los pelos y tirando para atrás pude quitarla. Alrededor había más nenas como ella, riéndose. Mi madre bajó corriendo porque los demás niños le avisaron. Tuvo que llamar a la puerta de su tía que vivía ahí abajo para pedirle un vaso de agua y regañó a las nenas diciéndoles que cómo podían ser tan malvadas. Luego fue a la casa de la madre de la nena y le dijo: «Mira tu hija lo que estaba haciendo, si no baja mi niña, la podía haber matado. Luego decimos que esas cosas no las hacemos los gitanos, ni tenemos esas ideas de asesinos». Cogió la madre a la nena y la metió para su casa, pegándole. Ya no volvió más a meterse con mi prima Elena.

Desde entonces éramos como hermanas. Elena se venía a dormir a mi casa y yo a la suya. Ese año se vino con nosotros a la aceituna. Ella se pensaba que era divertido, pero cuando llegamos y al otro día teníamos que levantarnos a las seis y media de la mañana para estar en el corte a las ocho, ya no le hizo gracia. Yo le dije: «Y espera que lleguemos al corte, prima, ya verás el frío que nos va entrar por el cuerpo». Me pregunta que porqué y le dijo: «Porque nos toca recoger la aceituna del suelo y tiene hielo por lo alto». «Anda, no será para tanto», me dice. Yo no pude evitar echarme a reír.

Cuando empezamos los tres, mi hermano, ella y yo, al rato nos dijo: «¡Ostras, qué frío!» Yo le recordé que se lo había dicho y le dije que esperara un rato porque pronto vendría mi padre con piedras. Ella me preguntó que para qué. Le contesté que para descalabrarnos y me salió una risa que no podía parar cuando le vi la cara de susto que puso. Le dije: «Tonta, ¿para qué van a ser? ¡Para calentarnos!» Y entonces cambió de color. Llegó mi padre con las piedras liadas en trapos y le dijo: «Anda, Elena, caliéntate las manos». Yo le dije que así iban a ser todos los días y me dijo: ¡Jopé, pues prefiero el colegio!». Yo le conté que también prefería el cole pero que no tenía la suerte que ella, que tenía que ir donde fuesen mis padres. «Ojalá me dieran a mí las oportunidades que a ti te dan», le dije. Ella me dijo: «Prima, llevas razón». Le dije que esperara a que llegara el sábado, que nos esperaba otra, pero que no le iba a contar nada hasta que ese día. «¡Qué mala eres!», exclamó y yo le dije que no, que era una sorpresa.

Al llegar el sábado nos pusimos a desayunar todos y mi madre nos mandó a mi prima y a mí a lavar. Le dije a mi madre que eso ya lo sabía yo y a mi prima: «Ves, la sorpresa». Ella se quedó airándome con una cara. Le dije a mi madre que me diera cerillas y me dio una caja. Mi prima me preguntó que para qué las quería y le contesté que ya lo vería. Cuando íbamos por el camino hacia el río me resbalé cuesta abajo y la ropa voló por todos lados. En ese mismo momento iba cruzando un regimiento de militares y nos dijeron que tuviéramos cuidado con el hielo. Yo contesté: «Qué gracioso, ¿eh?», y se echaron a reír. Ellos siguieron su camino y nosotras el nuestro. Mi prima empezó a reírse también y yo le dije que se riera, que más me iba a reír yo. Lo primero que hice fue encender una lumbre para calentarnos. Después, fui hacia el agua, metí la mano y estaba hecha hielo. Entonces le dije a mi prima: «Con esta piedra grande se lava la ropa, pero mete la mano a ver si te gusta el agua». Y me aguanté la risa. Tan decidida fue y me dijo que no podía, porque había hielo. «¿Qué te dije? Que te iba a dar una sorpresa. Pues ahí está. ¡La ves? Eso es lo que hago yo. Siempre me toca lo peor. Las manos se me quedan acorchadas y cuando voy a calentarme me duelen un montón. No sé qué es peor: si calentarme o no». Mi prima me dijo: Joe, prima, habría podido venir tu madre. Qué lista es, ¿no?» «Pues sí, pero eso es lo que me toca, no me queda otra», le contesté. Yo tenía once años nada más y así era mi infancia.

Cuando terminamos la temporada, le dije que viniera a la vendimia, porque era mejor y más caliente debido al tiempo, pero me contestó que no, que gracias pero que estaba mejor en su casa.

Ya de vuelta a casa, me tocaba pintar los patios a mí, con cal viva. Eso quemaba donde te cayera, así que me ponía guantes, pero daba igual porque siempre me quemaba algo. Incluso, tenía que subirme a los tejados a pintar los bordes, porque a mi madre le daba miedo. Apenas me dejaban jugar con mis vecinos. Tenían que venir las madres de las niñas para que me dejaran jugar un rato.

Un día bajamos a casa de mi abuela Dolores, pues ahí estaban mis tías. A mí me mandaron hacer café. Fui a la cocina y oí el llanto de un niño. Miré en la mesa camilla y no vi nada, pero el llanto seguía. Entonces me fui para el comedor y les pregunté si había algún niño chico en casa. Mi abuela me contestó que no y me dijo que por qué lo preguntaba. Yo le contesté que en la cocina había un niño llorando. Mi madre y mis tías se echaron a reír, pero el marido de una de ellas se levantó, salió al patio y volvió con una maza del carbón. Se fue derecho hacia la cocina y nos dijo que no nos moviéramos. Cuando retiró la mesa había una serpiente como de medio metro. Entonces les dije que por qué no se reían ahora y se burlaban de mí con que estaba loca. Se callaron. La única que contestó fue mi abuela y me dijo que llevaba razón. Ahí aprendí otra cosa: que las serpientes imitaban.

Bueno, al subir a la casa de arriba me dijo mi madre: «Niña, ¿sabes que me ha dicho tu tía que van a venir unos gitanos de Alicante a pedirte? Yo le respondí: «Pues como no pidan a su abuela, porque yo no quiero novios». Luego le pedí a mi madre que no le contara nada a papá porque no me iba a dejar salir a la puerta. Y fue lo primero que hizo. Desde entonces mi padre empezó a cambiar mucho conmigo. Ya no era ese padre cariñoso. Empezó a beber. Hacía cosas que nunca antes había hecho conmigo.

Empezó a meterse en mi cama cada vez que discutía con mi madre. Al principio, me parecía normal porque cada vez que me ponía mala el que se levantaba era él. A mi madre le daba igual si me moría o resucitaba. Pero cada vez era más frecuente. Yo tenía doce años y la verdad no me gustaba que mi padre hiciera eso. Se lo decía a mi madre pero ella lo único que me decía era que se lo dijese a mi padre. «¡A mí qué me dices!», me reprochaba. «¿Entonces a quién se lo digo? ¿A la vecina?» Pues no me hizo ni caso. Lo dejé pasar. Yo pensaba que a lo mejor me iba a echar de casa ya que siempre le decía que no me querían, así que no le di mucha importancia.

Mi padre me decía que era una princesa muy guapa e incluso mis amigas me decían que por qué no me metía a modelo. A mi amiga Raquel, por ejemplo, le decía que no era para tanto, porque ella era guapísima. Ella me contestaba que sí, pero no como yo. Mis amiguillos del cole también me lo decían, mi familia por parte de mi madre y mi padre también, todos mis vecinos me decían que era la más guapa de los cuatro barrios, pero yo me vía como una niña normal y corriente. No era presumida y me gustaba llevarme bien con todo el mundo, bueno, mientras no me pisaran los pies.

Un viernes que no esperábamos visita, llegó mi abuelo de Linares. Nos dio mucha alegría de verlo porque hacía mucho tiempo que no nos veíamos. A mi madre, por supuesto, se le quitó el enfado que tenía con él. Pero la alegría se iba a convertir en algo agrio porque resulta que venían a decirle a mis padres que si querían casarme con un hijo de un primo de mi madre. Bueno, mi padre se puso de mala uva y les dijo: «Si habéis venido con esa condición, os habéis equivocado». Mi abuelo le dijo que no se pusiera de esa manera, que no se enfadara. Mi padre dijo: «Mi respuesta es no y ya está». Estuvieron comiendo en casa y se marcharon.

A mí no me dijeron nada mis padres pero yo por las noches los oía hablar. Yo decía entre mí: «Bueno, lo que me hacía falta, pues casi no me dejan salir y menos así».

A la semana siguiente otra vez vino una familia de Alicante. Mis primos subieron a llamar a mis padres pero querían que fuera yo también. Así que bajamos y por el camino mi padre me dijo: «Ni se te ocurra decir que sí que te mato». Le contesté que no era tonta y que además no me gustaban los gitanos. Al llegar a casa de mi abuela Dolores, entramos y ellos se presentaron al estilo gitano y le dijeron a mis padres que venían a pedir a la niña. Mi padre les contestó: «Pero es muy chica. De todos modos ahí está ella que diga si quiere, para que veáis que yo no me opongo». Entonces me preguntaron a mí si me gustaba su niño. Yo les dije: «¿Quién? ¿Este? ¿Adónde voy yo con él? Además yo no quiero casarme». Y me fui a la calle sin poder aguantarme la risa, pues parecía un tapón de alberca. Yo no daba crédito a lo que me estaba pasando. Yo pensaba:«¡Ni la miss España! Me reía hasta yo sola.

Mi padre, harto de que la gente me fuera a pedir tan insistentemente, nos dijo que nos íbamos a ir una semana al campo donde el tío porque si no no sabía qué va a pasar. Y nos marchamos. Qué alegría. Otra vez libertad. Por lo menos allí jugábamos más. No estaban pendiente de mi y podía pasear por el campo con mis primas, porque, anda, también mis primos, los que tenían mi edad, venían detrás de mí y se peleaban los dos por mí. Uno me decía: «Cuando seamos grandes nos vamos a casar, ¿vale?». Yo le decía: «Anda ya y juega». Yo no le daba importancia porque sabía que eran cosas de niños, pero yo creo que mi padre se dio cuenta de algo y ya no volvimos más por allí.

Cuando regresamos a casa le llegaron rumores a mi madre de que los gitanos querían llevarme a la fuerza. Mi madre bajó donde mi abuela Dolores porque mi padre la mandó para que les dijera que si a mí me pasaba algo, tonterías iban a tener. Mi madre le temía porque cada vez que discutían siempre sacaba la escopeta para evitar mayores problemas. Cuando ella llegó a casa de mi abuela le dijo: «Pero bueno, ¿qué es lo que les pasa a esos gitanos?» «Lo que tiene que ser». «Hala, pues dile a tu hija cuando la llames por teléfono que les diga a esos gitanos que se olviden de la niña, que la niña no quiere nada con ese niño». Mi abuela le contestó que no se alterara, que ella se lo decía a su hermana.

Mi abuelito me dijo: «Tote, tú si los ves, corres porque los gitanos cuando quieren algo lo consiguen aunque sea por las malas». Yo le respondí que no se preocupara, que yo tendría cuidado. Pobrecito, él también se preocupaba porque ya llevaba muchos años con mi abuela y sabían cómo las gastaban. Lo peor era que como mi padre se había echado a la bebida no sabíamos cómo iba a llevar todo, pues como yo lo veía, me tenía como una presa. No podía salir de mi casa ni a la puerta; eso era para mi un cautiverio.

Me sentía prisionera por mis padres. A mí me gustaba ir los domingos a misa con mis amigas. Yo les decía a mis padres: «¿Pero tampoco a misa me vais a dejar ir?». Y me contestaban que no, a menos que mi abuela Rosario viniese conmigo. Como mi prima solía venir a mi casa muchas noches a dormir, pues le dije: «Elena, cuando bajes donde mi abuela Rosario le dices que suba a por mí el sábado por la tarde. Y ella me dijo que estaba bien, que así iba ella también. Esa era la única manera que podía salir de esa cárcel.

Pero unos de esos domingos, cuando salíamos de misa, estaba mi tía cogiendo agua y me vio y me dijo: «Sobrina, ¿por qué no te vienes y me coges a la niña que llora mucho y no me deja lavar?». Yo, como no sabía decir que no, pues le dije que esperara a que se lo dijera a mi abuela. Ella me dijo que podía ir pero que volviera para comer a casa y le respondí que así lo haría.

Me fui con mi tía, cogí a la niña y me fui al comedor a jugar con ella. Nos pusimos a jugar con ella en el suelo, había puesto una manta y estábamos tranquilas hasta que vino el marido de mi tía y metió la pata hasta el fondo conmigo. Yo estaba tan a gusto con la niña y él cogió y se tumbó a mi lado. Empezó a hacerme cosquillas pero cada vez bajaba más las manos. Le dije que parara, que no me gustaba ese juego. Cuando de pronto me enseñó su parte, yo me asusté. Salí corriendo al patio y se lo conté a mi tía. Me dijo que esperara y entró para dentro. Se oían voces; estaban discutiendo. Salió y me dijo: «Sobrina, no se lo digas a nadie, ni a mamá ni a nadie porque entonces nos tenemos que ir de aquí por culpa de él. Yo sabía que para los gitanos eso era sagrado, así que me fui de ahí pitando. Cuando llegué donde mi abuela, me preguntó que qué tal me las había pasado y yo contesté que muy bien.

Por la tarde me tocaba subir a mi casa. No me gustaba estar con mis padres. Cada vez se portaban peor conmigo. Yo no les hacía nada, tampoco tenía la culpa de que los hombres se fijaran en mí. Mi padre cada vez bebía más. Ese padre que yo conocía no estaba, había desaparecido. Para mí era un perfecto extraño, era como un ogro, sobre todo cuando llegaba por las noches y estaba al acecho de que me durmiera para meterse en mi cama. Aquello se salía de lo normal. Yo me despertaba cuando sentía unas manos por mi cuerpo y le decía que qué hacía. El me contestaba que nada. Entonces yo le decía que no me manoseara, que no me gustaba. No podía dormir, no me fiaba de él, ya no era normal.

Pero para qué se lo iba a decir a mi madre si no me hacía caso. Cuando tenía la oportunidad, me iba a casa de mi prima o a donde mis abuelas. Odiaba las noches porque por las mañanas cuando él se levantaba me dormía pero mi madre me despertaba para ayudarla con mis hermanos. Un día escuché a mi padre decirle a mi madre que iban a mandar a mi hermano a Soria. Yo le dije: «Mamá, no dejes que haga eso». Y ella me contestó: «A ver el que manda es él, ¿qué hago yo?». Yo le rogaba y le decía que allí hacía mucho frío y que el era muy chico, que solo tenía once años. ¿Qué iba hacer él ahí? ¿De pastor? Ella me decía que no le calentara la cabeza. «A ti todo lo que nos pase te da igual», le grité y me fui llorando para dentro.

No hizo nada. Dejó que se lo llevaran. Eso me dolió más que lo que me estaban haciendo a mí, porque lo mío cada vez iba a más. Mi padre se echó a vender ropa. Yo pensé que me dejarían con mi hermanos y se iría ella a acompañarlo. Pues no, me tocó a mí. Le dije a ella que yo no quería ir con él y me contestó: «Tonta, así te compra de todo». Yo le decía que no quería nada y que no quiero ir con él. Por más que rogaba y lloraba, de nada me servía. Era un cero a la izquierda.

Una mañana estaba mi madre hablando con una vecina que vivía enfrente de mi casa, cuando oí que me llamaba. Salí y le pregunté que qué quería y me dijo: «Mira, le estoy contando a Mercedes que no quieres irte con tu padre». Yo me callé pero la mujer era enfermera y no era tonta. Me preguntó si mi padre me hacía algo malo. Yo le contesté que no y a mi madre le dije: «¿Para eso me llamas?». Me entré a esperarla. Cuando entró le dije: «Jamás mientras viva contigo me llames para eso porque demasiado sabes tú». Me contestó que no sabía nada. «¿Entonces por qué no te vas tú con él, que eres su mujer?». Me dijo que por mis hermanos, que eran muy chicos. Le dije que por eso no porque yo los cuidaba igual o mejor que ella, que además el otro no era chico y había permitido que mi padre lo mandara a Soria. «No tienes corazón», le reproché.

Pues de nada me sirvió hablar con ella. Al final, me tocó a mí ir con mi padre. Pasaba unas noches en las que apenas pegaba ojo. Cuando el sueño me vencía mi padre trataba de meterme mano, pero lo que él no sabía era que a mí los sueños me avisaban y entonces me despertaba. Cada vez que lo pillaba con las manos en algún sitio que no era correcto, le decía: «¿Ya estás otra vez?». Y él me decía: «Hija, si es para que no tengas frío». Yo le decía que no tenía frío, que me dejara dormir tranquila y no me abrazara. Él contestaba: «Vale, no te toco más». Eso sucedía todas las noches hasta que nos íbamos los viernes a casa. Yo cogía y me iba con mi prima a casa de mi abuela. Una noche me dijo mi abuela: «Juanita, si te toca tu padre, no lo dejes que con tu tía también intentó hacer guarradas con ella». Yo le pregunté que con cuál porque como tenían tantas. No me lo dijo. Solo me pidió que no contara lo que me había dicho para no liarla. Yo le dije: «No, abuela, tranquila, que sé guardar bien los secretos». Y ahí quedó la conversación, pero por lo menos ya sabía que yo no estaba loca ni por asomo.

Las siguientes semanas lo mismo: que no me mirara nadie porque él se les que daba mirando que parecía que se los iba a comer. Había un chico que se ponía en los mismos mercados que nosotros. Una mañana que se fue mi padre a tomarse un café el chico se acercó y se me presentó. Venía con un frasco de colonia. Me dijo que llevaba tiempo detrás de mí pero que yo no me daba cuenta. Yo le dije: «¡Cualquiera! ¡Con el ogro de padre que tengo, no puedo fijarme en nadie! Así le dijo a la gente cuando viene a preguntar por algo, le digo que a ver si viene mi padre, que yo no lo sé. El muchacho se rió y me dijo: «Yo le hago eso a mi padre y no me trae más». Yo le expliqué: «Pues eso es lo que quiero yo, que no me traiga más. Estoy de esto hasta el más allá». «¿No te gusta esto?», me preguntó. «No, lo odio», le contesté. Al ver que mi padre venía me dijo que se iba porque ahí venía mi ogro. Yo me eché a reír. Cuando llegó mi padre me preguntó que quién era ese. «Pues uno que ha venido a preguntar por la chaqueta. ¿O no te gusta que venda?», le dije. «Sí, pero no te pongas así conmigo, sabes que no me gusta vender pero por narices tengo que estar aquí. Ah, y otra cosa te digo: no me gusta dormir a las afueras del campo porque no hacemos lo mismo que los demás vendedores, venimos de casa de madrugada. Entonces no descansamos y la gasolina cuesta dinero. En cambio, a los demás se la regalan y aunque creo que también se cansan, duermen en sus casas mientras nosotros, aunque nos pille cerca, tenemos que dormir en el campo».

Como veía que apenas vendía, buscó una finca para hacer leña y picón. Un día lo llamaron de Soria. Qué alegría. Yo sabía que era por mi hermano. Les dijeron que fueran a por el porque allí hacía mucho frío y se ponía muy malo. Yo pensaba que mis padres iban a ir a por hermano, pues no, otra vez me tocó a mí ir con mi padre. «Pero, ¿por qué siempre a mí? ¿Por qué no vas tú una vez? Pero no te das cuenta de que yo no soy su mujer, que su mujer eres tú. A mí me da vergüenza ya», me quejaba con ella, «cómo se nota que no me quieres ni chispa». «Niña, cómo no te voy a querer, lo que pasa que estoy embarazada y no puedo», me decía. «Joe, antes ibas a todos los trabajos estando embarazada y ahora no. Qué suerte. Pues sigue así, sin hija. Junta un campo de fútbol», le dije. Ella se echó a reír y ya está. ¡Hala, yo por delante!

Otra vez al campo. Ahí sí que pasé vergüenza. Nada más llegar y sale un matrimonio de pastores. Mientras mi padre metía las cosas donde le dijo el pastor, la mujer se arrimó a mí y me preguntó si él era mi marido. Le respondí que era mi padre. Me preguntó si no tenía madre. «Sí, lo que pasa es que está embarazada y no puede venir». La mujer se calló y me miró. Parecía que me estaba leyendo la mente. Yo me di cuenta enseguida de que esa mujer tenía algo, porque yo también lo percibía. No sé qué era, solo sabia que de inmediato íbamos a conectar para bien, Nos dijo que si nos hacía falta algo que se lo pidiéramos en confianza. Yo sabía que eran buenas personas y que podía contar con ella, pues nos dieron un colchón de esponja para dormir, nos dejaron un trastero donde metían las herramientas del campo y a mí me dijo que si me aburría después del trabajo me podía ir con ella porque estaba sola y no tenía hijos. Me contó que se aburría y que podría enseñarme a hacer cosas. Yo acepté y le comenté que me encantaba aprender cosas nuevas. Así que eso hice. Por las tardes me iba con ella. Por lo menos se me olvidaba lo demás, las noches que me tiraba sin dormir por culpa de mi padre, porque siempre me hacía lo mismo. Los toqueteos cada vez iban a más. Una noche ya no aguanté más. Cogí una manta, me enrollé en ella y me fui directamente al suelo. Él me dijo: «Niña, pero, ¿qué haces?, ¿estás loca? Acuéstate en el colchón que te vas a poner mala». Yo le contesté que prefería eso a dormir a tu lado y que el loco era él. Le pedí que me dejara en paz porque estaba harta de sus manoseos. Entonces me dijo que me acostara, que no me iba a poner una mano encima. Pues esa noche no me tocó para nada.

Al día siguiente me iba a casa de la pastora y mi padre me dijo que no volviera muy tarde, que viniera para cenar. Asentí y me fui. Yo sabía que lo que a él le preocupaba era que yo contara lo que él hacía conmigo. Pero eso no se lo contaba a nadie por vergüenza ajena de tener un padre de esa manera; para mí era lo peor.

Una tarde, que la señora ya había cogido confianza conmigo, me preguntó: «Juani, ¿tu padre te toca o te hace algo?» Le respondí que no y que si me hacía algo yo sabía cuidarme sola, como siempre, que no se preocupara. Entonces me confesó que ella era como una especie de vidente que, a través de los muertos, veía cosas o le decían cosas. En una palabra, que hablaba con ellos. «Por eso te digo eso, porque veo algo raro con tu padre hacia ti», siguió diciéndome. Yo le dije que lo controlaba y que no sabía por qué pero a mi me pasaba algo también, que cuando me venía el peligro los sueños me despertaban. Gracias a ello, no había llegado a hacerme nada. Me dijo que tuviera mucho cuidado con él y que si se metía conmigo estando aquí, se lo dijera. Le agradecí y le dije que no se preocupara. «Tú sí sabes comprenderme, no como mi madre», agregué. Y ella me dijo: «Para que veas, Juani, Dios da mocos a quien no sabe sonárselos». Le dije: «Has dicho una verdad como un castillo. Ojalá Dios me hubiera dado una madre como tú». Y ella me respondió: «Y a mí una hija como tú». En ese momento entró su marido y le preguntó que qué le pasaba que estaba llorando. Ella le dijo: «Nada, que me he emocionado con las cosas que dice Juani. Es una niña súper lista, es un encanto». Él le dijo medio en broma: «Hija, pues si por cada emoción vas llorar, vaya tela mi vida». Nos echamos a reír los tres. Yo me tenía que ir ya así que me despedí de ellos.

A la mañana siguiente, estaba como todos los día ayudando a mi padre a arrimar las gavillas de leña para que él las fuera echando a la lumbre. Como acabábamos de apagarla, había que dejar que se enfriara. Bueno, pues me dice mi padre: «Niña, ¿por qué no me quitas la caspa?» Pues como no había otra cosa que hacer, me senté en el suelo. Él puso su cabeza encima de mis piernas. Cuando llevaba un rato quitándole la caspa, empezó a tocarme las piernas. Le dije que se estuviera quieto. Él no me hacía caso y cada vez iba más hacia arriba. Creo que le gustaba porque era una cosa prohibida. Entonces me levanté como pude, cogí dos piedras con las manos y le dije: «Si me tocas te mato y ahora no pienso ayudarte más». Y él solamente me dijo que no se lo dijera a mi madre porque los gitanos lo matarían. Le contesté que no se lo iba a decir pero como volviera a ponerme otra vez una mano encima, se iba a acordar de mí. Y así fue como nos mantuvimos hasta que terminamos la finca. Una vez acabada, recogimos las cosas para irnos a casa y nos fuimos a despedir del matrimonio de pastores. La señora me dijo: «¿Recuerdas lo que te dije?». Y se echó a llorar mientras me decía que me iba a echar mucho de menos. Le dije que yo también. Me abrazó y me dio dos besos como yo a ella.

Por el camino mi padre me preguntó qué tanto hablaba la mujer conmigo. «Cosas de mujeres», le dije, «¿también quieres saberlo? Pues no te lo voy a decir. Son secretos que las mujeres tenemos».Y el me contestó: «Leyes tienes». Yo le dije: «Pues sí y quiero ir todo el camino tranquila. Déjame en paz». Nada más llegar a casa le dije a mi madre que se acababa lo de andar con papá porque estaba harta de que la gente me tomara por su mujer. «Así que te apañas como puedas. Aunque me matéis, no me voy más y punto», la amenacé. Ella le preguntó a mi padre y hablaron. «Sí, sé que los pastores se pensaban eso y se lo dijeron, pero ya está». Él sabía que no se lo iba a contar y se quedó tranquilo, como si no rompiera un plato. Era una persona de doble cara. Cada vez conocía menos a ese padre que yo tuve alguna vez por santo. En verdad parecía un diablo de dos caras.

Por la noche, oí que hablaban y escuché cómo mi madre le decía que los gitanos de Alicante no dejaban de venir por Puertollano a vender y que seguramente podían verme. Entonces escuché a mi padre decir: «Esto se va a acabar». No sé si oyeron mis pasos pero oí que se levantaron. Corriendo me metí en la cama y me hice la dormida. Ellos cerraron la puerta de su habitación y ya no pude escuchar nada más, pero yo sabía que no era nada bueno lo que estaban planeando.

Cada vez se portaban peor conmigo. Hasta mi madre me hacía la vida imposible. Me mandaba a fregar el suelo de rodillas y si colocaba algo de mi ropa mal, me vaciaba el armario entero. Me hacía la vida imposible, como digo. Era como si me tuviera odio, como si no me pudiera ver. Yo llegué a pensar que lo que me tenía eran celos, pero si yo no le daba motivos, ¿por qué se portaba conmigo así? No llegaba a comprenderla.

Lo que no esperaba jamás fue lo que iban a hacer conmigo. Se empezó a rumorear por el barrio que yo estaba de novia. Me enteré por mi amiga Dolores que me dijo que mi madre se lo estaba diciendo en la fuente a mi tía. Me quedé impotente. En ese momento decía: «Trágame tierra, que esto es increíble». En ese momento entró su hermano y empezó a reírse. A mí me sentó mal y le dije: «Tonto, que yo no tengo novio. Es más, te digo ¡será tu padre!», y cogí y me fui con un humor de mil demonios.

Cuando entré por la puerta empecé a gritar: «¡Mamá, ¿qué vas diciendo por la calle?!». Salió y preguntó que por qué tantos gritos, que no me pusiera de esa manera, que eso lo había dicho para que me dejaran en paz los gitanos esos, porque mi padre se estaba volviendo loco. Entonces le dije: «¡Y yo también me voy a volver loca como sigáis haciendo estas cosas! ¡Estáis perdiendo la razón! ¡Dejad las cosas como están! ¡No veis que se están riendo de mí! ¡Dejadme en paz de una vez por todas!». Me fui llorando, como siempre. Cada vez era peor la convivencia con mis padres. Aquello iba a peor.

Yo pensé que lo peor había pasado. Preocupada, pensaba: «¿Qué va a ser de mí si solo tengo trece años? ¿Adónde voy? Si me voy donde mis abuelas, van a ir a por mí. ¿Dónde me meto?». Yo no quería meter a nadie en medio de mis problemas, así que aguanté todo lo que pude.

La mañana que se puso de parto mi madre, mi padre la llevó al hospital y yo hice la comida para que comieran mis hermanos. Luego recogí la cocina y me fui a mi habitación mientras mis hermanos veían los dibujos. De pronto, veo aparecer a mi padre en mi habitación. Yo estaba leyendo un libro, porque me gustaba leer. Entonces le pregunté qué había sido, si niño o niña, y me contestó que niño, pero que había salido a mi madre, o sea, muy moreno. La verdad es que me dio mucha alegría que fuese otro niño porque si hubiese sido una niña habría hablado y no tendría que haber guardado ese secreto que me estaba consumiendo por dentro. Habría sido todo diferente porque yo no iba a consentir que a una hermana le hiciera las cosas que me estaba haciendo a mí. Le dije que comiera, si quería. Me contestó que no tenía hambre. Vi que se echaba en la cama y le pregunté que qué estaba haciendo. Entonces me dijo: «Echarme contigo». Le dije que saliera de ahí ya y me dijo por lo claro que lo dejara jugar con él. Me levanté y le dije: «O sales o bajo donde mi abuela Dolores y le cuento todo lo que haces conmigo». Se puso blanco como la pared, pegó un salto de la cama y me suplicó que no le dijera a nadie nada. Yo le dije: «¿Me juras que no me vas a poner un dedo encima? Si no, lo cuento todo. Me da igual si te matan o no». Y me juró que para él aquello se había acabado.

Eso pensaba yo, pero de eso se acabó pasó a otra cosa que jamás en mil años me iba imaginar que iban hacer conmigo. Un día estaba viendo la televisión cuando me llamó mi padre. Yo salí y vi a un muchacho con él en el patio. No sabía quién era, no lo había visto en mi vida. Mi padre me lo presentó como Gregorio. Yo le dije: «Vale» y di la vuelta para entrar en  casa. Y él me dijo que esperara, que lo saludara con dos besos. Yo pensé que era familiar suyo, así que no le di importancia y me volví a entrar. Cuando se fue, me dijo con toda su cara: «Ese muchacho se va a pasar por tu novio para que la gente deje de molestarte, sobre todo los gitanos». Yo le contesté: «Venga, más líos. ¿Pero estáis perdiendo la cabeza o que?». Entonces me dijo que no me hiciera ilusiones. «Pero que »no me haga ilusiones de qué», le reproché. Yo no sabían ni por dónde iban, hasta que caí y comprendí por qué me lo había dicho.

Un día le pregunté a mi madre, como niña inocente que era, que de dónde habían sacado a ese para que se prestara a tal mentira. «Ha sido tu padre, pero le ha dicho que no se ilusionara contigo porque todo era una mentira hasta que se calmen los rumores». Yo le dije: «¿Pero de dónde es? Porque nadie se presta así porque sí y menos si el muchacho está de novio o algo». Y me dice: «Niña, si tú también lo conoces». Yo jamás en mi vida lo había visto y ella erre que erre. Le dije que no lo había visto y me contó que era hijo de la vecina de la abuela Dolores, de Petra. Yo no dije más que esto: «Ah».

Pero de golpe y porrazo mi padre empezó a llevarlo a casa. Llegaban los dos con unas borracheras de pata negra es poca. Mi padre bebía hasta llegar al límite de que lo tuvieran que traer. Cada vez eran peor las discusiones entre mis padres.

Incluso llegaban a las manos. Yo cogía a mis hermanos y los pasaba para dentro. Los dejábamos en el patio a los dos. Vaya imagen le estaban dando a mi hermano, el más pequeño, que tenía un par de meses.

Esto siguió así y todos los fines de semana era lo mismo. Yo estaba harta porque después de que el chico se marchaba, mi padre se liaba a pegarme a mí. Me decía: «¡Anda, que he visto cómo lo mirabas y él a ti!». Yo me quedaba como cuando te da un aire que no sabes por dónde te viene. Pues eso, él ni corto ni perezoso cogía la correa o lo que pillaba y me pegaba. Le daba igual. A la mañana siguiente si me vía una señal me decía: «Uy, niña, ¿y eso que tienes ahí?, ¿qué te has hecho?». Yo le contestaba: «¿Conoces al borracho de mi padre?». Y saltaba y me decía que no le faltara el respeto. Yo le decía que el respeto se gana y que él lo estaba perdiendo.

Una mañana me dijo mi madre: «Niña, firma aquí, ¿a ver cómo firmas tú?». Pues yo firmé y le pregunté que para qué lo quería. Me contestó: «Para nada, es que estamos jugando tus hermanos, a ver quién tiene la firma más bonita». Y yo piqué. Por la tarde, a eso de las cuatro, llamó a mi hermano y se lo llevó al patio. Mi hermano se fue y le pregunté a mi madre que adónde iba Paco y me contestó que a comprar chuches. Pues yo me lo creí porque cuando volvió, venía con chuches.

Así estuvo un mes, por lo menos. El muchacho vino una tarde a pedirnos que fuéramos a verlo al fútbol. Pues a mí la verdad no me gustaba. Yo les decía que me quedaba en casa y se ponían a preguntarme que para qué. A la fuerza tenía que ir y la verdad es que no me hacía ninguna gracia que me llevaran obligada. Un sábado me dijo mi padre: «Niña, esta tarde vamos a ir a ver a Gregorio». Y le contesté: «¿Y por qué tengo que ir siempre yo?» Llévate a los niños y déjame tranquila aquí». Se negó y me dijo que tenía que venir. Le pregunté si venía mamá también y me contestó que no y que no se hablara más. Yo sabía que después de que pillara la borrachera la iba a liar conmigo sin tener yo culpa de nada. Temía porque venía haciéndolo continuamente.

Ese día se arrimó a mí Gregorio y me preguntó si quería ser su novia. Le dije que por mí sí pero que hablara con mi padre. «Vale, pues esta noche se lo digo», contestó. Pues la verdad pensé que mi padre le iba a decir que no. Me quedé alucinando cuando le dijo: «Sí, pero cuídala como si fuese una reina». Cada vez que lo oía hablar más perpleja me quedaba. Eso a mí me olía a chamusquina. Pensé que talvez así me dejaría en paz, que ya no me pegaría ni se metería más conmigo. De repente dejó de meterse en mi cama como antes y ya ni me tocaba. Pues yo la verdad no me fiaba de él ni un pelo. Prefería estar con un extraño antes que él me hiciera algo inadecuado o como suelo decir «algo prohibido para él o para una niña», porque la verdad es que aunque era pequeña comprendía muchas cosas. Sabía lo que estaba bien o lo que estaba mal. Así, pues, me llegó esa oportunidad de salir de ahí y la aproveché, pero al mismo tiempo pensaba si Gregorio de verdad me quería cuando hasta había pedido mi mano. Todo eso tenía yo en mi cabeza. Incluso llegué a pensar: «Para que mi padre me haga algo malo prefiero mil veces convivir con un extraño. Por lo menos estaré en paz conmigo misma».

Un sábado, Gregorio jugaba por la tarde y nos fuimos al pueblo donde nació mi padre, pues allí era el partido. Cuando terminó de jugar, Gregorio me dijo si quería que fuéramos a la discoteca del pueblo. Yo le dije que nunca había ido a eso y no sabía lo que era. Me dijo: «Sí, está dentro del bar y por lo menos nos deja tu padre un rato solos. Como está con su familia, pues no nos molesta». Yo acepté sin imaginarme de lo que me iba a enterar y a ver con mis propios ojos. Entramos. Era una habitación aparte del bar. Ahí estaban todos los jóvenes del pueblo y encontré a mis primas y mis primos que enseguida vinieron a saludarme. Estuvimos hablando un buen rato y una de mis primas me preguntó que con quién había venido. Yo le contesté que con mi padre y mi novio. «Bueno, ahora salgo a saludar al tito, pero, ¿quién es tu novio?», continuó. Le dije que el que había entrado conmigo. «¿Cuál?» Entonces me di la vuelta para presentárselo y no estaba. «¡Ha desaparecido!», le dije y nos echamos a reír. Cuando lo vi, lo señalé. «Pero prima, ¡si ese es el novio de Loli!». Yo no podía creerlo.

Hice como si iba al servicio y, efectivamente, ahí estaba besándose con ella. Así que me despedí de mis primos y salí a buscar a mi padre para que nos fuéramos. Me preguntó si me pasaba algo y me dijo que esperáramos a que saliera Gregorio. «Bueno, ahora tenemos que esperar a ese», dije, molesta. Mi padre quiso saber qué me pasaba. Le dije que nada, que estaba cansada. Al rato, Gregorio salió con ella. Yo le pedí a mi padre las llaves del coche y me metí dentro. Ya estaba harta de ver cosas que parecían que no iban nada conmigo. Fui todo el camino sin hablar. Gregorio se sentó atrás conmigo y empezó a meterme mano. «Manos quietas, que ya hablaremos», lo reprendí. Él se quedó callado. No dijo nada. Mi padre iba conduciendo y a su lado mi vecino que se vino también. Pero otra cosa que vi y eso fue muy fuerte es que antes de montarse en el coche, Gregorio se despidió de ella delante de mi padre, pero no con un beso normal, sino con un señor morreo, y mi padre callado. Eso fue lo que más me extrañó, porque no le dijo nada. Yo pensé: «Aquí hay gato encerrado pero de los gordos. No es normal que en suegro aguante esas cosas y más delante de él y encima con lo que le dijo delante de mí».

Un día me dice mi amiga Dolores: «Juani, ¿por qué no nos apuntamos a corte y confección?». Yo le dije que me acompañara para decírselo a mi madre y que viera ella que era verdad. Entramos al patio y estaba mi madre haciendo punto. Se lo dijimos y me dice: «Bueno, espera que venga tu padre y se lo digo. A ver si la deja, Dolores, hija. Es que aquí hay que hacer lo que el jefe dice». Le dije a Loli que cuando supiera le diría algo. Ella me respondió que no tardara porque nos podíamos quedar sin plazas. Bueno, cuando vino mi padre, mi madre se lo comentó y él me llamó para decirme que si iba, quería ver las tareas todos los días, porque no se fiaba de nadie. Yo no quería engañarlo. Era verdad. Me gustaba la costura y quería aprender.

Todo iba bien hasta que mi padre empezó a decir que me llevara Gregorio en moto. Con lo bien que estaba yo con mis amigas. Yo creo que lo hacía para que el otro me vigilara. Pues fue peor porque Gregorio lo que hacía era sacarme de la clase para pasear. Un día me dijo que fuéramos a dar una vuelta y le tuve que pedir a Loli que hiciera mi tarea. También le dije que si venía mi padre le dijera que habíamos ido a tomar polos. Gregorio me llevó al campo con la condición de dar un paseo. Cuando paró la moto en un monte yo sospeché algo. Empezó a manosearme y me dijo que me quitara la ropa. Yo me negué y le dije que hasta que no nos casáramos no podía hacer nada. Entonces cogió y me pegó. Yo salí de allí corriendo y me fui para la carretera. Él me dijo: «Monta y no me cabrees». Luego me dijo: «Perdóname, no le digas nada a tu padre de esto». Yo le dije que no le iba a decir nada pero que nos fuéramos de ahí, así que me llevó para las monjas donde hacíamos la costura. ¡Y mira por dónde! Ahí estaba mi padre. Yo le dije a Gregorio que se las tenía que apañar con él. Mi padre le preguntó que de dónde veníamos. Gregorio le dijo que de comernos un polo. Mi padre nos mandó derechito a casa. Yo sabía lo que iba a pasar por culpa de él. Todo se me iba a acabar, sobre todo la costura. Dicho y hecho. Cuando llegamos estaba sentado esperándome. Entonces me dijo: «Se acaba la costura y ahora si sales de paseo va a ser con tu madre». A mí me dio la risa pero a él se le puso mala cara. Nos tiramos unas semanas saliendo por el barrio con mi madre. Una tarde le dije a mi madre delante de él: «Mamá te pega mejor a ti que a mí». Mi madre ni corta ni perezosa me atizó una señora torta y me dijo que no volviera a decir eso.

Gregorio fue una tarde y le dijo: «Suegro, déjenos salir y nos vamos en autobús. Dejo mi moto aquí». Y él le dijo: «Bueno, pero en el último autobús y a casa». Era verano y el último autobús volvía a las doce de la noche. En la discoteca nos juntamos con mi prima Elena y nos quedamos con ella. Mi prima nos dijo que por qué no nos quedábamos más tarde. Yo le dije: «Díselo a mi padre, a ver si nos deja». Ella me dijo: «Yo se lo digo, a ver si viniendo con nosotros os deja». Y así que damos para el sábado. Pues mi prima Elena habló con mi padre y lo convenció. Llegó el sábado y como siempre me gustaba arreglarme un poco y mi madre en vez de decirme algo agradable lo mejor que me dijo fue que parecía una golfa por como me pintaba. No era una madre cariñosa, al revés, me tenía odio o es lo que me parecía a mí, o quizás eran celos.

Pues salimos, pero a eso de las once mi primo Diego que miráramos hacia la barra, que nos fijáramos bien en un tipo. «Es tu padre», nos dijo y nos quedamos de piedra. Gregorio no se quedó conforme y fue a la barra, y efectivamente era él. Cada vez era así. Yo ya no sabía qué hacer porque después de que venía de estar con Gregorio me metía cada paliza. Un día me harté de tantos palos que cogí y me bajé donde mi abuela Dolores y le conté que no aguantaba más estar con ellos. Ella me dijo: «Déjalos, a ver si bajan que se lo voy a decir muy clarito todo a tu padre». Y así fue. Bajaron a por mí y mi abuela lo puso a caldo. Le dijo: «¡Anda, borracho, que has vendido a tu hija por un litro de cerveza!». El dijo que no y que no. Y mi abuela le siguió diciendo: «¡Anda ya, si la niña no conocía a ese hombre!». Mi padre empezó a decirme que nos fuéramos, pero yo le decía que no me iría con ellos más. Entonces empezó a dar voces. Mi abuela le advirtió: «Se va, pero como yo me entere que le pegas, te vas a enterar tú lo que vale un peine, yernito». Y a mí me dijo: «Súbete, pero si te pega, te bajas, que le echo a los civiles por lo alto». Suerte tenía ser nieta de una gitana, porque si mi abuela supiera todo lo que yo ocultaba, mi padre no estaría vivo. Tratar mal y abusar de una hija es atentar contra lo sagrado para la mitad de mi raza. Por eso pienso yo que mi padre se contuvo, pero no por mi madre, porque a él le daba igual. Yo creo que ni una paya se hubiese callado. Parecía que no se daba cuenta con quien estaba casada o simplemente era tonta, ahí queda la duda.

Pues desde que mi abuela le puso las pilas, me dejó tranquila un tiempo. Yo pensé que por fin se había terminado mi suplicio. Pues no, un día que mi padre cobró nos dijo: «Esta noche nos vamos a cenar todos». Yo pensé, qué bien, ya sin discusiones ni peleas, pues lo pasaremos en familia. Estuvimos cenando todos tranquilamente pero como había bebido tanto, pues cuando volvíamos a casa nuestro coche fue a parar a una cuneta en medio de dos árboles. Gracias a Dios no nos pasó nada, pero mis hermanos eran muy pequeños, sobre todo el de cuatro años y el de meses, y los pobrecitos se asustaron mucho. La gente que había salido a tomar el fresco vino corriendo a ayudarnos. Por supuesto, la familia de mi madre que estaban en la puerta también corrieron y eso fue todo. Entre dos barrios cuando pasa algo es normal que la gente salga a ayudar. Mi tía Mari también estaba. Cuando vieron que éramos nosotros pues todos los hombres a una sacaron el coche. El marido de mi tía Mari cogió el coche y lo subió a mi casa, pues tuvo una discusión con mi padre porque él quería llevarlo y no lo dejaron. Pues como no podía pagarla con nadie, remató conmigo. Cogió una correa e iba a pegarme. Menos mal que mi tío estaba ahí. «Si la tocas, te ato ahí hasta mañana y ahora la niña se viene conmigo. Esta noche duerme en mi casa», fue lo que le dijo.

Y así fue. Me fui con mis tíos a su casa pero cuando ya estábamos acostados empezamos a escuchar ruidos en la puerta. Mi tía dijo: «Paco, ese es mi hermano». Y él contestó: «Anda, cómo va a ser». «Que sí, que lo conozco muy bien y sé de lo que es capaz, de eso y mucho más». Y va mi tío a coger un garrote y nos dijo: «Como sea él le quito las tonterías que tiene». Mi tía le quitó la idea de la cabeza y le dijo: «Paco, sal y habla con él y asústalo nada más. Dile que si no se va, viene la policía». Pues eso hizo, lo convenció y se marchó, pero qué noche nos dio.

Al otro día me llevaron mis tíos a mi casa y nada más llegar nos dice mi madre: «Este hombre se ha vuelto loco. Ahora quiere que la lleve al médico a que la miren». Mi tía le dijo: «Pero bueno, cuñada, ¿qué le pasa? A ver si es que la quiere para él. No te fíes». Mi madre contestó: «No sé, hija, porque yo no lo comprendo. Tan pronto esté bien como está ido». Mi tía le preguntó que qué iba a hacer y ella respondió: «Pues le diré que bajemos donde mi madre a que la mire, a ver si se queda conforme». Mi tío saltó: «Anda, Mari, vámonos porque como lo vea, no sé si me voy a poder aguantar todo lo que hace con tu sobrina». Y se fueron. Yo le dije a mi madre: «Mamá, lleva razón mi tía. A ver si es que me quiere para él». Ella dijo que no sabía y se calló. No quiso hablar más conmigo.

A la mañana siguiente bajamos a casa de mi abuela Dolores. Como ella entendía de esas cosas pues me miró y luego salió y le dijo a mi padre: «Hermoso, la niña está como su madre la trajo al mundo. Lo que tienes que agradecer es eso, que la niña se está comportando bien con todo lo que haces con ella. Eres más sinvergüenza que un perro». Él cogió y se fue de la casa sin esperarnos.

Como no se había quedado conforme, a la mañana siguiente me llevaron a un ginecólogo. Pasé muchísima vergüenza. Nos llamaron, entramos y mi madre le explicó que me mirara porque iban diciendo que yo andaba de callejeo. El médico me preguntó si había estado con alguien. Le dije que no y él me dijo que subiera a la camilla. Vi que sacó un aparato y le dije:

«Eso no me lo meterán ahí porque yo no he hecho nada». Él me dijo que no me iba a hacer daño, que aquello tenía un número donde se ve si una es virgen o no, pero al meter eso le dije que parara porque me estaba haciendo daño. Así que paró enseguida. El médico le preguntó a mi madre que a quién quería denunciar porque se trataba de un ultraje. Ella respondió que a nadie y le dijo la verdad: «Es su padre». El médico le indicó que saliera a llamar a mi padre, pero él no quiso entrar. «¿Su marido está bien de la cabeza, señora?». Mi madre respondió que últimamente no. «Pues por esto puede ir a la cárcel si usted quiere denunciar». Mi madre le dijo que no y que sólo le diera el resultado. El médico se lo dio y le dijo: «Llévelo a un psicólogo; lo necesita». Y salimos de ahí. Yo cogí el papel y le dije a mi padre: «Métetelo por el culo. Hasta aquí llegamos. Esto jamás te lo voy a perdonar».

Bajamos todo el camino sin hablar. Por la tarde le conté a Gregorio lo que había pasado. Me di cuenta de que parecía que le daba igual. Yo le dije: «A ti te da lo mismo, ¿no?». Y me respondió: «¿Qué quieres?, ¿que me pelee con tu padre?». Yo le dije: «No, pero por lo menos dile que jamás me habías tocado, hermoso». Él cogió y me dijo que dejáramos eso ya. «Dile que nos deje ir a la fiesta de Hinojosas». Eso fue lo que hizo mi padre. Como no nos hablábamos, le dijo a Gregorio: «Haced lo que queráis, ya me da igual».

Pues nos fuimos por la noche. Cuando volvimos tenía una castaña encima que empezó otra vez a liarla. Mi madre le dijo a Gregorio algo en el oído y él me dijo a mí: «Juani, monta», y yo le hice caso. Cuando llegamos a su casa, le pregunté qué le había dicho mi madre y me dijo que quitarme del medio porque mi padre estaba diciendo muchas tonterías. Esa noche me respetó. Por la mañana, llegaron mis padres. La madre de Gregorio tenía cara de pocos amigos. Estuvieron hablando los tres. Mi padre le dijo a Gregorio: «Ahora por traértela, te vas a casar con ella». Pues yo lo estaba flipando. Mientras más oía más parecía un complot que habían hecho contra mí. Yo pensaba que Gregorio en verdad me quería y ahí me di cuenta de que todo era una farsa. Él no se opuso para nada.

A mí me subieron a mi casa y mi padre fue hablar con don Juan, que era el cura y con el que se llevaba muy bien. Un miércoles lo invitó a comer. Antes estuvimos rezando como los curas hacen a la hora de comer. Yo decía para mí: «¡Cómo será tan falso y tan judas mi padre!». No sé qué habló con el cura para casarnos porque a mí me faltaban unos meses para cumplir catorce años. La cuestión es que nos casó un viernes por la tarde. Era invierno y era de noche. A mí me disfrazaron con un vestido prestado de madrina, parecía una viuda. Mis padrinos fueron el hermano de Gregorio y mi madre. Fue una boda de risa. Yo miraba a mi cuñado y nos reíamos porque la verdad yo no sé lo que era eso, parecía un velatorio.

El convite fue una cena con mis padres, nosotros, su madre y su hermano, y nadie más. En la noche de bodas yo pensaba que me iba a acostar sola, cuando Gregorio me dijo que me quitara la ropa. Yo le dije que no. Entonces cogió y me pegó. Como no me dejaba, prácticamente me violó. Pero lo más bonito es que la madre estaba en el patio escuchando todo. Era una mujer que se vía que no me quería para nada. Por la mañana ni me dio los buenos días. Yo iba a hacer mi cama y me dijo que la hacía ella. Cogió las sábanas y, como si fuera una gitana, las dobló y me dijo: «Esta tarde vamos a subir donde tu madre». Yo le pregunté por qué y ella dijo: «Porque no me gusta esto». «¿El qué?», quise saber, pero no me contestó.

Después de comer subimos y le dijo a mi madre: «Consuegra, esto no me gusta. No ha manchado nada». Mi madre le dijo: «¿Y esto que es? ¿Usted qué esperaba? ¿Un litro sangre o qué? Para nosotros la honra es esto amarillo, esto son las rosas. Pregúntale usted a cualquier gitana. Cogió y nos fuimos, pero no se quedo satisfecha. Al bajar le preguntó a mi abuela Dolores. Ella estaba muy contenta y llamó a mis tías, y dijo: «Mirad que rosas más bonitas ha sacado la tote. Mi suegra se quedó blanca. Al ver que había metido la pata, mi abuela le dijo: «Petra, déjeme las sabanas de recuerdo de mi nieta. Eso para los gitanos es una honra muy grande». Entonces dijo que no, que las guardaba ella. Como vio que se las seguía pidiendo, ya no le interesó más la conversación y me dijo que nos fuéramos.

En el camino empezó a contarme que su hijo no se había casado conmigo porque me quisiera, sino solo para corresponderme porque quien había empezado todo había sido yo. «¿Cómo? Si fue él quien me pidió salir», le dije. «Normal, con las cartas que le mandabas con tu hermano Paco». «¿Qué cartas? No sé de qué habla». «Ahora cuando venga mi hijo te las enseña que las tiene guardadas», afirmó. Yo me quede esperando en el patio. No quería entrar. Cuando Gregorio llegó le dijo su madre que me enseñara las cartas, porque yo decía que no sabía nada. Pegué un grito y dije: «¡Sí, no sé nada de cartas ni nada de mi hermano! Si ha venido a tu casa a traer algo o no. ¡Trae a ver si la letra es mía!» Él entró y las sacó. Las empecé a leer y le dije que fuera a por un bolígrafo y una hoja para que viera mi letra. Las comparamos y no eran las mismas. Le dije que me iba para arriba.

Cuando llegué a casa fui directamente a preguntarles quién había escrito cartas en mi nombre. Los dos callados, sin decirme nada. Entonces me puse a dar voces: «¡Que me lo digáis! ¡No me vais a ver más el pelo en lo que resta de vida! ¡Demasiado daño me estáis haciendo! ¡Bichos!» Entonces saltó mi madre para decirme que me callara, que se iban a enterar los vecinos. Pero seguía chillando: «¡Pues que se enteren la clase de padres que tengo!» Mi madre me dijo: «Calla, te lo voy a decir: fui yo. Pero porque me lo ordenó tu padre». Entonces le dije: «Muy bien, sabía que no me querías pero llegar a esto. Esto no se le hace a nadie y menos a una hija. ¿Sabéis lo que os digo? ¡Que os vaya bien en todo!». Cuando bajé a casa de mi suegra me preguntó Gregorio adónde había ido y le contesté que a averiguar lo d las cartas. «Y si quieres saber más, subes para casa de tus suegros, que te lo confiesen a ti también. Ya sabes que yo no fui. Fueron ellos que son unos dementes. Lo que han hecho conmigo no se le hace ni al peor enemigo». Se quedó blanco y al rato me dijo: «Yo no subo. ¿Para qué? Para que me digan mentiras me quedo aquí».

Bueno, estuvimos un tiempo llevándonos bien pero como siempre había una persona por medio que metía la pata. Esa era mi suegra. Parecía que le gustaba que su hijo me pegara. Al principio no podía ni verme. Yo no le hacía nada; al revés, la ayudaba en todo lo que podía. Ella, en cambio, hasta me escondía la comida para que no comiera. Por las tardes me iba a casa de mi abuela que estaba a la vuelta de la esquina.

Ahí merendaba con ella porque yo pasaba mucha hambre. Yo no era mujer de dinero. Para Gregorio solo servía para la cama y para criada de mi suegra. Lo único bueno que hacía él era sacarme por las noches a cenar porque la señora no hacía cena y él sabía que yo estaba acostumbrada a cenar todas las noches, incluso él también se acostumbró a cenar. Ahí estuvimos con su madre hasta que me quedé embarazada.

Mi abuela me echaba de menos. Llevaba tres días sin ir y encima había caído una nevada que nos llegaba a las rodillas. Entonces vino a ver lo que me pasaba. Cuando entró y me vio le echó una regañina a mi suegra. Yo estaba con fiebre, con una tos exagerada. Me tenían en la cocina sin darme de tomar nada. Yo estaba que no podía ni moverme. Mi abuela me preguntó si había desayunado, le contesté que no. Me preguntó si estaba tomando algo para la gripe y le dije que no. Así que cogió y le dijo a mi suegra: «Usted qué tiene, ¿corazón o caparazón? Ni con un animal se hace lo que están haciendo con mi nieta. Pero esto se acabó».

No sé lo que hizo pero al cabo de una hora tenía a mis padres en casa de mi suegra. Mi abuela bajó con ellos y llamaron al médico. El médico vino, me vio y nos dijo: «Esta niña está deshidratada. Además tiene una gripe exagerada y por el estado en que se encuentra tiene anemia». El médico me pregunto que con quién vivía y le respondí que con mi suegra y mi marido. «¿Quién es la suegra?, quiso saber. Ella saltó y dijo: «Yo». El médico le dijo: «Señora, pues para los años que tiene usted parece que no sabe lo que puede pasar en estos casos. Una persona deshidratada puede morir, señora». Ella se quedó blanca y luego se puso roja. Me recetó un montón de medicamentos el médico y se fue.

Mi madre le preguntó a mi suegra si tenía para la medicación y ella le dijo que no, que esperaría a que viniera Gregorio. Mi madre respondió: «¿Y usted se piensa que esto puede esperar en el estado en que ella encuentra?». Lo único que mi suegra dijo fue que no sabía. Mi madre fue a la habitación a recoger mis cosas. Mi abuela se quedo ahí conmigo y entonces le dije: «Abuela, ¿por qué los has llamado? Yo no quiero estar con ellos». Y mi abuela me dijo: ¿Qué quieres? ¿Que te maten?». A lo que yo le respondí que sí. Entonces me dijo: «No seas así. Mira por lo que tienes dentro de tu cuerpo, que es un niño o una niña y no tiene culpa de nada». Y la verdad llevaba razón.

Al final me subí con ellos. Mi madre le dijo a mi suegra: «Le dice usted a su hijo que si quiere estar con su mujer que se suba y ya de paso le cuenta lo que le ha dicho el medico». Eran tantos recuerdos que tenía en mi cabeza, sobre todo uno en especial y que iba a echar mucho de menos: mi perrita Vanesa, que ya no la iba a ver allí porque una noche se quedó fuera y estaba lloviendo mucho. Mi padre no se levantó a abrir la puerta cuando ella llamaba, no hizo caso porque sabía que era mi tesoro. Ojalá la hubiera oído yo, pero como dormía en la última habitación, no me enteré. Eso me dolió más que lo que me estaba haciendo a mí. Yo sabía que en el momento que estuviera allí más de dos lágrimas iban a caer pero lo iba a hacer por mi nena, yo sabía que iba a ser una niña. Todo lo compraba rosa.

Cuando me mejoré, empecé a ayudarle a mi madre en todo lo que podía. Pero como estaba de cinco meses y eché un barrigón exagerado para ser primeriza, parecía que iba a tener cuatro. Andaba como una vaca y apenas podía agacharme.

Me costaba mucho trabajo. Yo sabía que íbamos a durar poco tiempo porque con dos alcohólicos como ellos nunca iba a hacer buenas migas. Solamente duramos tres meses porque con ellos no había quién aguantara, por lo menos yo no. A mí no me dejaba ni echarme un rato. Querían que estuviera todo el día con el trapo en la mano y la fregona Un día le dije: «Mamá, ¿te acuerdas las veces que has estado embaraza y no movías un dedo porque todo nos tocaba a tus hijos? Pues eso no lo haces conmigo, ¿por qué?». Y me dijo que no era igual porque yo era más joven. Entonces le dije: «Claro, tú que eres una anciana». Y solo se echó a reír. Así que le chillé: «¡Encima de cachondeo! ¡Anda con la anciana que no puedo ni echarme un rato porque dice que voy a hacer el amor!». Lo dije de verdad porque un día estaban hablando los dos de eso y los pillé, pero no les dije nada por no liar más la cosa.

Un sábado salieron yerno y suegro y volvieron como una cuba los dos. Bueno, eso era poco. Que se le ocurrió a Gregorio meterse conmigo. Me empujó y caí encima de la cuna que tenía preparada, pues estaba de ocho meses. Al escuchar las voces y el golpe vinieron mis padres y mis hermanitos. Bueno, ¡la que se montó! Ahí se pegaron los dos. Mi padre sacó la escopeta y el otro salió corriendo, no se acordó ni de la moto. A mí me daba igual si se mataban o se daban besos. Eran tal para cual. Gregorio se fue como alma que lleva el diablo. Mi padre, aunque estaba borracho, me preguntó si me había hecho algo. Yo le dije que no. Mi madre ni preguntó. Estaba preocupaba más por el jarrón que habían roto entre los dos que de mí.

Por la mañana vino a pedirles perdón, pero yo les dije a todos que yo no quería seguir ahí. A Gregorio le dije: «¿O buscas una casa o nos vamos a la calle. No quiero ni tu casa ni la de mis padres». Él me dijo que no sabía ni dónde buscar. Entonces me acordé de la casa que cambió mi padre. La tenía vacía en el mismo barrio y le dije: «Papá, ¿y la casa que me ibas a dar? ¿Por qué no me la das ahora que me hace falta? Para mi sorpresa, me dijo que estaba bien y iríamos juntos al notario los dos.

A la mañana siguiente fuimos, pero como era menor de edad lo único que podía hacer era ponerla como una donación o un testamento. Pero como le costó trece mil pesetas a mi padre por aquel entonces, no quiso. Al final me dejó la casa hasta que yo comprara una. La casa estaba vacía, no tenía nada. Busqué tres cajas de cervezas vacías: una de mesa y dos para sentarnos. Mi madre tenía ahí un colchón. Yo no me esperaba que fuera a bajar pero vino y me dijo: «Anda, dile a Gregorio que suba a por tu cama y la usas hasta que te compres muebles, porque digo yo que os comprareis muebles, ¿no?» «Por supuesto», le dije, «así no voy a estar antes de que nazca el bebé».

Bueno, pues a la mañana siguiente bajó mi madre con un carrillo lleno de cajas. Le pregunté qué era eso y me contestó que era mi dote. Yo no sabía qué significaba eso. Me explicó que era lo que las mujeres llevan cuando se casan. Yo le dije: «Ah, ¿pero yo ya soy mujer? Yo pensé que no era nadie. En todo caso sería una jovencita». «Anda, calla ya y mira lo que te he traído». Empezó a sacar de todo. Le pregunté que desde cuándo guardaba todo eso y me contó que desde que mi padre se había puesto a vender. «Pues mira qué ilusión me has dado. ¿Estabas deseando que saliera de tu casa o qué?». «¡Qué dices! Siempre estás igual». No quise seguir por no recordar más las cosas.

Mi padre nos llevó donde compraban las cosas y como él trabajaba ahí pues no tuvimos problemas. Cuando nació la niña estuvo todo colocado. Pero Gregorio era un hombre diez años mayor que yo y no tenía espíritu de ser un hombre casado. Le gustaba mucho la calle. Se iba el sábado y volvía el domingo. Jamás me dijo una palabra bonita ni un te quiero. Solamente me lo dijo el día de la boda y yo creo que fue por obligación. Si no, ni eso. Ni siquiera me daba un beso ni por cumplir. Por más que discutíamos no servía de nada. Un día le dije que me diera dinero porque no tenía. Me dio lo justo y luego me lo sacó a la fuerza, como siempre.

Pues un sábado, subí y le dije a mi madre que me había bajado la regla. Ella me explicó que no era eso, era que estaba de parto, y que fuera a preparar las cosas. «¡Anda ya! Que yo no boy a ningún lado hasta que no haga mis cosas, coma mi paella y lave mi ropa», le dije. Ella me dijo que si me empezara a doler, los llamara. «Sí, mamá, hasta te va a dar tiempo de echarte la siesta», dije y me fui a casa. Pero ella no se quedó conforme. Fue en busca de Gregorio, que estaba en el bar, y le dijo: «Gregorio, que la Juani está de parto y no quiere ir al hospital. Ve a ver si la convences tú». Como a Gregorio ni le importó vino a buscarme a casa y me dijo que nos fuéramos las dos al hospital. Yo le dije que no fuera pesada, que ya iría yo, que no me dolía nada. Y saltó: «¡Vaya dos! Pues a las tres de la tarde nos vamos, niña, no ves que te puede pasar el parto». Yo le dije que sí, que no se preocupara.

Y eso hicimos toda la tarde y parte de la noche, para que luego me hicieran una cesárea de vida o muerte. A la una menos cuarto me la hicieron. Tuvo que firmar Gregorio ya que yo tenía quince años y no podía. El médico les dijo a todos, en especial al padre de la criatura: «¿A quién quiere usted que salvemos? ¿A su hija o a su mujer?». Gregorio se le quedó mirando a todos y a la vez todos lo miraban a él. Así que no le quedó de otra que decir: «Primero a mi mujer y después a mi hija; pero si puede, sálvelas a las dos». Bueno, ahí se portó bien.

Según me contó mi tía Mari, al ser la primera de las nietas que iba a tener un bebé, pues acudieron mis abuelas y mis tías por parte de padre y madre. La primera noche se quedó mi tía Mari. Cuando mi abuela Dolores vino a relevarla venía acompañada de una noticia. No sabía cómo decírmela. A mi tía ya se la había contado. «Niña, te voy a decir una cosa pero no te asustes». Le dije que soltara ya. «Pues, Gregorio ha tenido una accidente». Yo como soy tan guasona le dije: «¿Y qué? ¿Se ha matado?». Mi tía y mi abuela se echaron a reír. Me contestó que no, que tenía un brazo roto y un ojo morado, pero que estaba bien. Yo me había imaginado otra cosa más grave. Cuando entró por la puerta y lo vi así, me dio la risa y no paraba. Lo tuvieron que echar si no los puntos se me podían haber abierto. Bueno, pasé cuatro días en el hospital. Mi madre se quedó un día y por la tarde, porque tenía a mi hermano pequeño. Yo creo que fue para que la gente no hablara mal de ella. Si no, yo creo que ni se habría aparecido.

Bueno, cuando salí del hospital se portaron muy bien. Nos invitaron a comer y todos estaban muy contentos porque había sido una niña. Pero lo que ellos no sabían era que no se las iba a dejar porque no me fiaba de mi padre. Una mañana que Gregorio no estaba, tocaron a la puerta. Abrí y me llevé una sorpresa. Era mi primo que hacía mucho tiempo que no veía, casi desde que éramos pequeños. «¡Hombre!, ¿cómo tú por aquí?». Y me contestó: «A por ti». «¿Cómo a por mí?, le pregunté y respondió: «¿Te acuerdas cuando éramos pequeños que te decía: "Prima, cuando seamos grandes nos vamos a casar"?». Yo le contesté que sí, pero que éramos unos críos. «Pero para mí no ha pasado el tiempo. ¿Qué dices? ¿Te vienes conmigo», insistió. Yo le dije que mirara hacia atrás y que viera a mi niña. «Es mía. Has llegado tarde. Estoy casada». Entonces me dijo: «No me importa. A mí me han dicho que os lleváis muy mal y tampoco me importa que tengas una niña, también me la llevo». Yo me negué y le dije: «Cuando quiera separarme que sea por mí misma, no para irme con otro». «¿Entonces no cambias de opinión?». «No, muchas gracias por preocuparte por mi pero ya no hay marcha atrás. Lo siento mucho, pero yo te veo como mi primo nada más». Se despidió de mí y se fue.

Al poco tiempo, yo tenía ocho meses de embarazo, me dio como un golpe en el pecho. Yo sabía que algo no iba bien. En eso, subió un primo mío y nos dijo que el abuelo José había muerto. Yo cogí a mi niña y salí corriendo. De pronto oí a mi madre que venía detrás dando voces y diciéndome que la esperara. «Hija, ¿es que no puedes avisar que te vas para abajo?». Yo le contesté: «¿Tú te crees que voy a estar pensando en alguien?». Y bajamos las dos juntas. Cuando llegamos ya estaba en su caja metido. Había mucha gente. Yo me senté en el suelo al lado de mi abuelo, le cogí su mano y no pude hacer más que llorar. Mi abuela Dolores me decía que me tranquilizara. Yo le decía: «Abuela, ¿cómo quieres que me tranquilice si es mi abuelito?». Ella me decía que sí, que lo sabía pero que en mi estado no me podía alterar. A mí me daba igual. Además, miraba a mi abuelo y parecía que se movía. «Abuelo, tú no estás muerto», llegué a decirle. Mi abuela me escuchó aunque lo dije en voz baja y le dijo a mi madre que me preparara una tila. Pero yo dije que no quería nada, que me dejaran, que de ahí no me movía. Había una gitana que le preguntó a mi abuela que quién era yo. Mi abuela le dijo que yo era la mayor de sus nietas. La gitana le dijo que me sacaran porque me iba a poner mala. Me sacaron a la fuerza y me dieron una tila, pero no tarde ni media hora en entrar otra vez. De ahí solo me moví para darle de comer a la niña. En casa de mi abuela mi madre me preguntó si iba a subir para hacer de comer a Gregorio. «Pues que coma y cene donde su madre que yo de aquí no me muevo. Que se apañe. Yo paso de él». Al otro día enterramos a mi abuelito. Jamás lo olvidó. Lo llevo en mi corazón.

Todo iba bien hasta que Gregorio se quedó sin trabajo. Así que le dije a mi padre que dejaran que fuéramos con ellos a hacer picón. Su condición fue que lo hiciéramos nosotros aparte y así lo hicimos. Yo me llevaba a mi niña, que era muy chica, la metía en el parque de juegos que tenía en casa y la arropaba muy bien para que no pasara frío. Y así fuimos saliendo hasta que llamaron a Gregorio otra vez para trabajar. En el barrio vendían una casa más grande que donde vivíamos y le dije que la compráramos porque la nuestra se nos estaba quedando pequeña. Gregorio dijo que hablaremos con Ana, la dueña, y ahí se quedó la conversación. Yo estaba en estado otra vez. En dos años tuve a los dos mayores y solo teníamos una habitación y no podíamos apañarnos así, pero a él le daba todo igual. Encima se trajo a su madre porque estaba sola y le daba miedo a la mujer. Dormía en una cama-mueble en el comedor. La verdad no me casé con uno, me casé con dos.

Un sábado vino borracho y cuando se durmió empezó a soñar y a hablar en voz alta. Entonces me acerqué y afiné el oído, decía: «Manoli, cuánto te quiero, te quiero más que a mi vida». Por la mañana le pregunté: «Oye, ¿quién es esa Manoli que quieres con toda tu alma? A ver si me la presentas que yo no soy celosa. Es para ver si tiene mejor cuerpo o es más guapa que yo y si merece la pena compartirte». Él se echó a reír y me preguntó quién me ha dicho eso. Le dije: «Pues tu boca, que todo lo hablas cuando estás del treinta para delante. A él se le escapó una carcajada. «Qué bueno, encima de borracho, mujeriego. Qué fuerte, hijo, que te verán la cartera de dinero. Si supieran en verdad quién eres, otro gallo cantaría». Entonces me dijo: «Que yo no estoy con nadie. Esa era una muchacha con la que salía estando en la mili». Yo le hablé claro: «Chico, como si te quieres ir, que no me importa si te echas cuarenta novias. Ya estoy harta de ti y de tu madre». Lo dejé ahí y me fui a hacer mi faena. Me ponía la música alta, ya que a mis bebes les gustaba. Pues yo a lo mío...

La verdad era que como yo no lo quería, me daba igual lo que hiciera. Además, me había buscado muchos pleitos con chicas que ni sabía que existían en su vida. Estaba harta de discutir por cosas que no sabía. Cuando me enteraba de alguna de sus novias, pues yo les decía: «Os lo regalo si lo queréis. Es una joya en bruto, no tenéis que pulirla». Eso se lo dije a una del barrio de abajo que andaba diciendo que yo le había quitado el novio, cuando yo no sabía de la misa la media. No salía de casa y menos para chismes. Se lo llegué a contar a él y lo negó. Desde entonces no me creía nada de él. Me mentía constantemente. Era una persona falsa. Se jugaba el dinero como el agua. Yo no podía seguir viviendo de esa manera. Tenía en mi mente que cuando pudiera, me iba separar de él porque ni lo quería ni estaba enamora. Era solo una convivencia y nada más, por haber no había ni unión.

Otra noche vino como una cuba y me confesó que no me quería porque mi padre le había dicho que yo había dormido con él. Yo le contesté: «Si dormía con mi padre era a la fuerza, cuando estaba vendiendo o en el picón, pero yo no hacía nada malo. Es que te ha dicho otra cosa». Él insistió: «¡Sí que hacías cosas con él!». Me entró un escalofrío por el cuerpo y esperé a que se durmieran él y los niños para reaccionar. Me había quedado atontada. No sabía qué hacer. Me dio por llorar, como siempre. Como me ponía mala con frecuencia, tenía muchas pastillas para el dolores y tranquilizantes. No pensé en nadie, las cogí todas y me las tomé. Al rato ya no recordaba nada más. A eso de las cinco, se despertó el niño y como lloraba, Gregorio se despertó y me dijo que atendiera al crío. Pero yo ni me movía. Al ver que yo no despertaba, llamó a mis padres. Yo oía murmullos como muy lejanos que me llamaba. Luego sentí que me abrían la boca y que me dieron algo que me hizo vomitar. Me ducharon, sosteniéndome de pie. Mi madre me decía: «¡Pero que has hecho! ¡Estas loca!». Yo respondí en voz baja: «Vosotros que sois unos hijos de Satanás». Oía también cómo mi padre recriminaba a Gregorio: «¿Qué les has hecho?». Él respondía que nada. Mi padre seguía: «Pues algo le habrás dicho». Y Gregorio insistía en que no había hecho nada y que yo estaba loca. Todo esto escuchaba, pero en realidad era como un complot que tenían contra mí.

A la mañana siguiente mis padres me llevaron a un siquiatra. No me mandaron más que drogas. Pasaba todo el día dormida y mis niños conmigo. Nada más me levantaba para hacer la comida. En esos días se volvió a aprovechar de mí el señor Gregorio: me hizo firmar unos papeles que no sabía lo que eran.

Un día por la mañana decidí no tomarme ni una pastilla más. Pasé unos días con un mono que no aguantaban ni las moscas conmigo. Pero lo conseguí. Yo sabía que tenía que luchar por mis hijos, salir adelante de ese pozo en el que me habían metido. Me marque una meta: que cuando tuviera un trabajo y una casa, me iba a separar de ese parásito que solo me daba malos tratos. Yo estaba prácticamente sola por las tardes, así que me iba con mi prima y los niños de paseo. Cogíamos el autobús y dábamos unas vueltas.
Al final y pese a todo, compramos la casa de Ana y nos cambiamos.

El problema era que cuando estábamos juntos todo era peleas y discusiones. Un día me harté y le dije a Gregorio que iba a poner un bar. El señor se rió y me dijo: «¿Tú? ¡Si no sabes ni echar una cuenta!». Entonces le contesté: «¿Que no? Y si te digo que cuando tú me das veinticinco mil pesetas y me vas pidiendo para tus juegos veinte mil, yo me gasto cinco mil, ¿cuánto me queda? ¡Dilo!» Él se quedó callado. «¿A que me queda nada? ¿Es o no es eso lo que me dices?». Me respondió que hiciera lo que quisiera. «¡Por supuesto! Estoy harta de ese tira para el campo, porque desde que estoy contigo no he parado de trabajar, si no es en la vendimia, en la aceituna, y si no, en los melones. Ahora voy a cambiar de táctica. Me voy a volver empresaria, pero para mí».

El inconveniente era, sin duda, el dinero. Si le pedía a mi madre dinero prestado decía que no tenía encima. No agradecía la ayuda que yo le daba. Cuando ella iba al picón le tenía la casa toda recogida y hasta el agua puesta a calentar para que no se molestaran. Encima decía que yo no le ayudaba a nada. Menos mal que todas las vecinas me veían. Muchas me decían que era muy tonta porque mi madre ni siquiera me lo agradecía. Yo decía: «Ya lo sé, pero Dios es justo y todo le ve. Algún día tendrán que ajustar cuentas con ella.

Puse el bar como pude y la verdad es que tuve tanta suerte que se quedaba pequeño y tuve que coger otro mayor en el barrio de más arriba. Del pueblo bajaban al barrio no solo los fines de semana sino hasta los días de diario. Yo me levantaba a las siete de la mañana para coger el primer autobús para ir al mercado. Lo compraba todo fresco, del día. En los dos bares era todo natural. Luego tenía que volver en el mismo autobús antes de que se despertaran los niños. No me gustaba pedir favores a nadie y menos a mi madre.

Todo iba sobre ruedas hasta que empezó a faltar dinero. Yo sabía quién era el culpable. «Gregorio, me has tomado por tonta, pues te has equivocado. Sabes que me está faltando dinero y que las cuentas no me cuadran», lo confronté. Me contestó que igual habría sido mi hermano o mi padre. Entonces le dije: «Imposible, porque el dinero me falta los jueves o viernes, mi padre viene sábado y domingo, y mi hermano viene cuando le dan permiso, así que chico, te he pillado igual que a las ratas en la trampa. Hasta ahí has llegado, ladrón. Por mi parte, también hasta aquí he llegado. Voy a cerrar el bar. Lo siento por mí, porque ahora voy a tener que buscar otro trabajo pero tú te vas con tu madre a su casa». Él se lo tomó de broma pero a la mañana siguiente le preparé toda su ropa. Cuando se levantó, le dije: «¡Coge eso y lárgate!

¡No te quiero ver más!». Él no quería irse pero yo con un par le tiré la ropa a la calle y le dije que ya estaba harta de él y de sus insultos y malos tratos. Al final se fue. Estuve tres meses separada de él. En ese tiempo hizo lo que antes no hacía: mandaba a la madre con el dinero para sus hijos. Pues a mí hasta los nervios se me calmaron. Yo estaba muy mal de tanto aguantar y no quería saber nada de nadie. Pero hubo una persona que se aprovechó de mí: mi madre. Fui a decirle que me prestara dinero para las letras para la casa, porque no me llegaba. Mi madre me dijo: «Mira, hija, como no puedes, la termino de pagar yo y cuando vengan los de las minas de lo que me den, te doy la mitad. Yo estuve de acuerdo.

Un día subió mi abuela Dolores y me dijo: «Tote, dale otra oportunidad a Gregorio, hazme caso». Yo le contesté: «Abuela, ahora no, hasta que no pase un par de meses y vea yo que es verdad». Ella me siguió diciendo: «Como tú quieras, pero también te digo que si te maltrata, déjalo, que no pasa nada. Yo me casé tres veces y aquí estoy». Yo le dije que le pillaba la palabra pero que mientras aguantaría el chaparrón. Cogió mi abuela Dolores y se fue para su casa. Como dije antes, estuve tres meses en la gloria.

Un día subió el con su madre y me pidió perdón. Me dijo que ya no se iba a portar mal conmigo y que le diera otra oportunidad. Su madre también me insistió, alegando que su hijo estaba muy mal. Yo le dije que a la próxima no lo perdonaba. Estuvo unos meses bien pero como dice un refrán: «La cabra siempre tira al monte». Pues eso le pasaba a él cuando cogía confianza; otra vez lo volvía a hacer. Y luego yo otra vez embaraza, como las tontas, no porque lo quisiera a él si no porque mis hijos eran lo único mío. Nadie podía quitármelos y a mí me encantaban los niños. Para mí mis hijos no eran ninguna molestia.

Cuando tuve la tercera me cambié de casa. Nos subimos al centro del pueblo para a ver si Gregorio cambiaba. Su madre también subió con nosotros. Yo me puse a trabajar limpiando casas. Si él no me daba, por lo menos que no le faltara nada a mis hijos. Pero Gregorio no cambió y armaba unos escándalos de miedo. A mí me daba mucha vergüenza. Hasta que un día le dije: «Vamos a nuestro barrio a buscar casa. Contigo es imposible vivir como personas civilizadas. Y eso que eres payo, luego dicen de los gitanos». Encontramos una casa que nos la dejó mi tía Mari. Yo quería pagarle un alquiler pero ella me dijo que me la dejaba con la condición de que si al final la vendía, debía buscarme otra. Estuve de acuerdo y en eso quedamos.
Mientras, yo seguía trabajando. Mi suegra se encargaba de la más chica. Por las mañanas, antes de irme, dejaba a los tres arreglados y desayunados: a los dos mayores para el colegio y a la pequeña vestida. Cogía el autobús y me iba a mi trabajo. Estuve un año con doña Mercedes. Era una persona encantadora y daba gusto trabajar con ella, pero su marido cerró su negocio y se marcharon a Madrid.

Por suerte, enseguida encontré otro trabajo. Se trataba de la casa de la jefa de la policía. Ahí estuve trabajando como asistenta doméstica y cuidando de sus hijas. Duré un año y medio. Un día, mientras yo estaba trabajando, la jefa estuvo de redada y luego me contó que había estado en mi barrio, en casa de unos gitanos, concretamente en El Puentecillo. Yo me puse blanca. Me contó que habían tenido que registrar hasta las mujeres. Yo me eché a reír y ella me preguntó si los conocía. Yo le contesté que ahí nos conocíamos todos. «Son los Fernández», me explicó. Le confesé que los conocía pero no dije que eran familiares de mi madre porque me daba mucha vergüenza.

Cuando bajé me fui directamente a donde mi abuela Dolores, pues yo no sabía que estaban traficando con drogas. Llegué y le pedí a mi abuela que me contara que había pasado, porque me había dicho mi jefa que habían estado aquí de redada. Mi abuela me lo contó todo pero me juró que no había pasado nada. De la vergüenza que me daba que se enterara de que eran familia mía, al otro día que fui a trabajar le dije a la señora que ya no podía ir más. Ella ya se había enterado de que eran familia mía. Aún así me dijo: «Juani, ya lo sé, pero tú no eres igual que ellos. Tú eres una mujer trabajadora que te ganas el dinero honradamente para sacar a tus hijos adelante». «Sí, lo sé y jamás se me ocurriría andar con eso. Antes me voy al campo a trabajar. Muchas gracias por todo pero no puedo seguir. Tengo a la niña malita con neumonía», le dije. Aquello era verdad. Parecía que Dios me lo había hecho a posta para que saliera de allí con la cabeza en alto. Le enseñé los papeles del médico donde decía que tenía el ingreso para llevarla al hospital. Ella me dio mi liquidación y me deseó que se mejorara la niña y me hizo saber que cuando pudiera, ahí estaba el trabajo para mí.

Pues yo seguí buscando trabajo. Una tarde subí a casa de mi madre con los niños y ella me contó que se iba a ir a la vendimia. Le pregunté si me podía ir yo porque estaba buscando trabajo y me respondió que sí pero que no podía llevarme a los niños. Le dije que por eso no se preocupara porque mi suegra estaba viviendo conmigo y podía dejárselos encargados. «Pero no volvemos todos los días, hija, solo los fines de semana», me aclaró. Le dije que me daba igual, que yo sin trabajar no iba a estar. Así que me fui con ellos. El otro se quedó gruñendo porque lo dejé de encargado a él y a su madre. Le dije: «¿Sabes lo que te digo? Que paso de ti. Mis hijos no van a pasar necesidades mientras yo pueda. No voy a hacer lo que tú: gastarme el dinero en las cartas, en las máquinas y en las borracheras, y lo poco que me das, luego me lo sacas. Gracias a tu madre que me da dinero para comer. Yo estoy harta de esta vida. O cambias o algún día te arrepentirás de todo el daño que me estás causando, de los malos tratos, de la legua tan guarra que tienes conmigo que me dices de todo menos bonita. Así que te digo que me voy, como siempre desde que estoy contigo, a buscarme las habichuelas. Y cuida a los niños bien porque como les pase algo no sé lo que puede suceder. Hasta el viernes no nos vemos».

Un viernes, como siempre, venía borracho hasta el culo y el señor me dejó embarazada otra vez. La verdad yo no lo esperaba. Cuando me fui a hacer una analítica vino mi cuñada conmigo. Yo no quería ver los resultados. La médico me dijo que si no quería tenerlo que ella ahí mismo me lo quitaba. Mi cuñada y yo nos quedamos atontadas. Cuando reaccioné le dije que desde luego no, que yo estaba en contra del aborto. «Como veo que tienes tres pues me he imaginado que no querías más», se excusó. Le dije que se había equivocado conmigo y se disculpó. Nos fuimos de ahí como alma que lleva el diablo. Cuando llegué a mi casa le dije al señor Gregorio: «Otra ves me has dejado embarazada con tus borracheras». «Ese no es mío, de seguro te lo habrán hecho en la vendimia», me replicó. Me quedé de una pieza. Eso jamás me lo iba a esperar de él. Así que le contesté: «No, este es del Espíritu Santo». Solo así se quedó callado.

Yo estaba de tres meses cuando empezaron los de las minas a comprar casas. Yo le dije: «Gregorio, podríamos vender una casa de tu madre para que nos den otra y el dinero se lo das a tu madre. Me dijo que las casas ya estaban vendidas. «¿Pero qué habéis hecho mientras he estado trabajando?», le dije, «Habrás hablado con tus hermanos, ¿no?». Me contestó que él no tenía que hablar con nadie. « No tenemos casa propia porque mi madre también ha vendido las suyas, y no me ha dado parte de la que teníamos a medias». Me dijo que le daba igual y yo le hice saber que a mí no. Cogí y envié un escrito a José Bono contándole lo que me ocurría. Él, por supuesto, me contestó que no me iba a quedar sin casa, que yo tenía tantos derechos como los demás. Le mande otra carta de agradecimiento. Luego recibí una carta en la que se me indicaba que debía ir a recoger las llaves. La casa venía a mi nombre. Por fin iba a tener una casa propia y ya no iba a aguantar lo que estuve aguantando tanto tiempo.

Cuando nos subimos al pueblo lo primero que hice fue echar los papeles en el Ayuntamiento y hablar con las asistentas sociales. No pasaron ni dos meses para que me llamaran. Entré en la guardería del Ayuntamiento. Trabajaba y me llevaba a mis hijos, a los dos más pequeños. Ahí me abrieron bien los ojos. Había psicólogas y abogadas que nos daban charlas y hablaban con nosotras, una por una, para que explicáramos nuestros casos A mí, por supuesto, me dijeron que eso no era vida, que si yo no quería a ese hombre ni lo había amado nunca y se portaba así conmigo, que lo mejor era el divorcio. Yo les dije que eso quería hacer pero que le tenía lástima porque era alcohólico. La psicóloga me dijo: «Juani, eres muy joven para aguantar ese tipo de vida. Eso que lo aguante su familia. Tú no deberías estar con él porque estás echando tu vida a la basura por un hombre que nunca te ha querido». Yo le contesté: «Llevas razón, pero si lo he aguantado es por mis padres, porque dicen que soy yo la que estoy mal de la cabeza». «No, los que están mal de la cabeza son ellos, que te metieron en un pozo». «Sí, eso lo sé. Yo ya le he dado muchas oportunidades y no me hace caso, pero esta es la última», le prometí.

Por él habló el marido de mi prima Elena, para trabajar, pero lo que Gregorio no sabia era que yo le había dicho a mi prima que cuando cobraran me lo dijera. Y así fue. Cada mes era una pelea continua, todo por el dinero. Él se gastaba lo suyo y me quería sacar lo que me daba a mí, pero yo no se lo daba.

Un sábado estaba yo con las tareas de la casa y tenía abierta la puerta. Él llegó voceando desde la calle e insultándome. Los vecinos ya lo conocían y más de dos no le habían pegado por mí, pero es que me decía «gitana» y se cagaba en los muertos de todos los gitanos. De repente llegó mi vecina y me dijo: «Juani, sujétale la lengua o se la cortamos». Yo le dije: «¡Ahí lo tenéis. Yo no me voy a meter, ya estoy harta de él». La mujer se fue pero al rato llego mi cuñado y lo pilló amenazándome con una navaja. Su hermano le dijo: «¿Qué haces? ¿Estás loco o qué te pasa?». Yo lo interrumpí y le dije: «Mira cuñado, estoy con la fregona porque estaba fregando cuando ha llegado, pero no voy a dejar que me toque ni un pelo. Además te digo: mi vecina ha venido a reclamar. Ya se mete hasta con los gitanos. Yo no pienso meterme. Así que tú verás qué haces con él». «Déjalo, Juani, que me lo voy a llevar a dar una vuelta para hablar con él», me intentó tranquilizar. «Ah, y también te digo que yo no aguanto más. Me voy a separar de él. Ya son trece años lo que llevo aguantándolo. Así que ni un día más. El lunes pongo la demanda». Él me contestó: «Pues sí, yo te apoyo, así no puedes seguir». «Ah, cuñado, por si no lo sabías también la semana pasada tuve que ir al bar porque al señorito le habían pegado una buena, y fui a ver porque me dijeron que fue por las cartas, y como comprenderás yo no soy su madre para ir detrás de quien le pegue», concluí.

Pues el lunes puse la demanda y cuando volví a casa se la enseñé. Se echó a llorar, me dijo que lo perdonara, que se iba a portar bien. Yo le dije que le iba a dar tres meses y si en ese tiempo no cambiaba, yo tampoco lo iba a hacer, y que supiera que relaciones no iba a tener conmigo, que solo lo iba a tener ahí como uno más de la familia. Él contestó: «Vale». Y así fue como lo hice, aunque hacía tiempo que yo no tenía relaciones con él porque me recordaba a mi padre, por ese olor a bebida que soltaba por las noches. Además, soñaba en voz alta y me enteraba con quién andaba o a donde había ido. Era increíble lo que tenía que aguantar. Muchas noches me iba a dormir con mis hijas. Oír todo eso para mí suponía un suplicio.

Pasó los tres meses que le di de plazo y seguía comportándose, pero al cuarto la lió bien. Llamé a mi prima Elena y le pregunté si habían cobrado la paga doble. Ella me contestó que sí, que les habían pagado esa mañana. Yo esperaba que me la diera pero vi que se había arreglando para salir y como ya sabía dónde iba gastársela le dije: «¿Qué? ¿No tienes que darme nada?». Me dijo que no. Entonces le pregunté por la paga. Cogió y me dio lo de todos los meses: veinticinco mil pesetas. «¿Esto es todo?» Asintió. «No, suelta la paga doble. No te la vas a gastar. Eso es el pan de mis hijos. Como no quería soltar el dinero, empezamos a forcejear, pero con tan mala suerte para mí que al meter la manos en su bolsillo me rompí un dedo. Al ver que se me escapó un grito, salió corriendo y no volvió en toda la tarde. Pero lo que no se imaginaba era que iba a estar esperando como una loba. cuando vi que anochecía y no venía. Esperé hasta las cinco de la madrugada.

Como yo sabía dónde estaba, no me lo pensé dos veces. Subí cuesta arriba hacia el bar donde jugaban. Llegué y tuve que tocar porque la puerta la tenían bien cerrada. No me abrían. Cuando les dije que abrieran o llamaba a la policía, no tardaron en abrir. Entré y cogí la silla donde estaba Gregorio sentado por la parte abajo y lo tiré al suelo. Cogí todo el dinero que había en la mesa y amenacé con irme. Nadie de los que estaban jugando se esperaba eso. Él me dijo que me daba lo mío pero que dejara lo demás. Le contesté: «¡A mí me da igual pero con el pan de mis hijos tú no juegas! ¡Te lo dije! ¡Ahora busca casa porque te quedas en la calle!».

Él se pensaba que era mentira. Yo sola, sin ayuda de nadie, me fui al Juzgado pero me asignaron un abogado de oficio y no me gustó porque era un machista. Busqué una abogada por mi cuenta y en quince días empezó un calvario para mí. Una mañana me llegó la carta para que me presentara en el Juzgado, por supuesto venía una copia para él. Cuando llegó del trabajo, se la di. Me dijo que no iba a ir a ningún lado, así que no me iban a dar el divorcio. «Estás muy equivocado. Lee bien la carta. Si no te presentas lo ponen en el tablón de anuncios y me dan la separación sin que vayas tú», le advertí. Entonces cogió y se marchó hasta entrada la madrugada. Vino como acostumbraba: voceando. Le dije que se callara, que los niños están dormidos. Empezó a desnudarse. Se quedó como su madre lo trajo al mundo y empezó a pasearse como los locos. Le grité que se pusiera el pijama, pero no me hacía caso. Lo que temía era que se levantaran los niños y lo vieran de esa manera. Como no me hacía caso, no sé lo que me pasó en ese momento. Me quedé en blanco. Solamente escuché decir: «¿Mamá, ¿qué haces?». Entonces me di cuenta de que lo estaba empujando hacia las escaleras y era mi hija mayor la que estaba detrás de él, un escalón debajo. Enseguida lo solté. Mi hija me dijo: «Mamá, si no me levanto, lo hubiera tirado por la escalera. Anda y déjalo que haga lo que quiera. ¿No ves que está como una cuba?». Me fui a dormir a la habitación de mis niñas.

Pero tuve que volver a levantarme porque se fue al patio y estaba dando unas voces que estaba despertando a los vecinos. Mi niña me decía que lo dejara, que hiciera lo que quisiera. Yo le dije: «Hija, pero qué vergüenza, estarán los vecinos mirándolo ahí en pelotas. ¿No ves que por las ventanas de los servicios se ven todos los patios? Y encima dice que se va a envenenar». Bueno, bajé y había cogido un frasco de pastillas, pero yo sabía que de las mías no podían ser porque esas las tenía yo guardadas por los niños. Las que había cogido eran las pastillas de hierro que me mandó el médico para la anemia, porque las tenía afuera ya que ese mismo día las había comprado. Me arrimé a él y le dije: «Hijo, morirte no te vas a morir pero fuerzas sí vas a tener». Cogí y me subí para la cama y me acosté con mi hija. Pobre mía. Ya tenía catorce años y estaba viviendo aquello igual que yo.

Ella me decía muchas veces: «Mamá, déjalo, sepárate de él, no seas tonta». Y era verdad. Yo no me daba cuenta de que ellos también lo pasaban mal. Así que llamé a la abogada y le conté lo que me pasaba. Ella me tranquilizó y me dijo que no me preocupara, que los trámites iban rápido y cuando menos esperara, él estaría en la calle. Dicho y hecho. Un viernes nos llegó la notificación para presentarnos en el Juzgado con todo y los niños. Gregorio no se presentó. La abogada me explicó que daba igual porque a los diez días, una vez salido el juicio, tenía que dejar la vivienda. Pasé al juicio con mi abogada. Mientras los niños hablaban con el juez de menores, yo salí antes y la abogada me dijo: «Ya tienes la separación en tus manos porque él no se presentó». «Eso ya lo sé yo, ahora espérate a que se salga de la casa». Ella me dijo: «Eso queda por mi cuenta. Tú me pegas un telefonazo y yo mando para allá a la policía». Yo no quería que los niños vieran eso y se lo dije. «Pues coge y te vas a algún sitio hasta que pasen los diez días. Eso se pasa pronto». En eso, salió el juez con los niños y me dijo: «¡Anda Juana que no te quieren tus hijos! Ninguno quiere irse con el padre. Tienes que estar orgullosa de ellos». Yo le contesté que por supuesto que lo estaba. Me informó que todo lo que lo que le había contado Cristina, la abogada, también se lo habían contado ellos. «Pues para que veáis que todo es verdad, porque yo a mis hijos no les he puesto palabras en la boca para que digan mentiras. Ellos lo han vivido a la vez que yo», agregué. El juez me explicó que aunque ellos no querían irse con él, al ser menores, estaban obligados a pasar fines de semanas alternos con su padre. «Por mí no habría problemas, pero si los niños no quisieran irse yo no los voy a obligar», expliqué. «Bueno, si tienes algún problema hablas con tu abogada», me dijo. Le di las gracias y se marchó. Mi abogada me dio los papeles de lo que me pertenecía, la casa, con todo dentro, el coche y lo de la pensión que le correspondía a Gregorio.

Me despedí de ella diciéndole: «Cristina, acuérdate de estas palabras, que por parte de él mis hijos no van a comer porque no voy a recibir ni un duro». Ella me contestó medio en broma que no fuera tan bruja y yo le dije: «Tiempo al tiempo. Ya te lo diré».

Bajé y hablé con mis padres. Les conté que me había separado de Gregorio y que venía a pedirles un favor, si me lo querían hacer. Mi madre era morena pero se puso blanca. Yo me di cuenta enseguida porque ella lo quería mucho. Quise saber lo que le pasaba y me dijo que no era nada, solo que la había dejado helada con la noticia. «Qué callado te lo tenías», añadió. «Es que esas cosas no se dicen, se hacen. Y no te lo iba a decir a ti para que le avisaras, ya que según tú yo soy la loca y él el inteligente. Pero no sabéis lo engañados que os tenía. Algún día te contaré lo que hablaba por detrás de vosotros. Ahora no vengo a eso». Les expliqué que lo que necesitaba era poderme quedar con ellos cuatro días hasta que echaran a Gregorio, ya que no quería irse de la casa. Mi padre me dijo: «Eso ni se pregunta. Lo que haga falta». «Bueno, pues voy a por la ropa y a comprar de comer». Mi padre me dijo que cómo iba a comprar de comer. «Por supuesto», le dije, «un favor me puedes hacer pero de comer, eso es otra cosa. De eso me encargo yo». A la que salgo del salón oigo decir: «Ay, qué pena» de boca de mi madre. Regresé y le dije: «Mamá, si tanta pena te da coges y te lo traes a tu casa. Lo tienes un tiempo y luego lo cuentas». Me mintió diciendo que no había dicho nada. «Te he oído perfectamente, mamá, no estoy sorda y no soy tonta. Yo sé que siempre lo has querido más que a mí. Me tirabas por él. A mí me dices que estoy loca y de él todo te lo crees, pero ya verás el último día, si no me equivoco, la que va a liar».

Me fui hacer mi compra. Cuando subí a por la ropa, estaba Gregorio en casa. Empezó a llorarme y a pedirme que lo perdonara de nuevo. Yo le dije que no, que ya se había acabado para él, que tantas veces lo había perdonado ya y estaba harta. Él me contestó que pensaba que las gitanas aguantaban hasta el final. «Por la parte que me toca de paya no te aguanto ni un día más y eso que dices de las gitanas, por si no te has dado cuenta yo no soy gitana de pura raza, pero ahora mismo te demuestro lo que vale una mujer, sea gitana o sea paya: soy una persona de carne y hueso, lo mismo que tú. Y hasta luego. No quiero hablar más contigo. Cuando suba el viernes no quiero verte aquí», le hablé así, cogí y me marché a casa de mi madre. Cuando llegué donde ellos, iba cargada de compra. Mi padre me dijo: «Niña, ¿no te he dicho que no hacía falta?». A lo que yo contesté: «Sí, pero no quiero que me echéis nada en cara luego». Él me dijo que siempre iba a ser la misma, que no cambiaría y que era muy orgullosa. Yo le conteste «No, orgullo no, porque cuando me ha hecho falta no me habéis ayudado y ahora que puedo no voy a permitir que me ayudéis», le respondí.

Llegó el viernes. Subimos a las 18:30 de la tarde pensando que Gregorio se había marchado ya de casa. Cuando abrí la puerta nos lo encontramos allí tan tranquilo, viendo la televisión. Le pregunté qué hacía allí y me contesto que de allí no lo iba a sacar nadie. Entonces cogí y llamé a mi abogada y le dije lo que pasaba. Me dijo que no me preocupara, que enseguida iría una patrulla. Yo cogí a mis hijos y los llevé donde mi hermano, que vivía en la misma calle que yo para que no vieran nada. Al volver a casa, estaba la patrulla y los policías hablando con mis padres y mi hermano pequeño.

Entró un policía a casa para pedirle por favor a Gregorio que cogiera sus cosas y se marchara. Él insistió en que no se iba. El policía le dijo que si no salía por su propio bien se lo tenían que llevar a comisaría detenido. Empezó a gritar que quería su coche. El policía le dijo que el coche me pertenecía a mí, que hablaría conmigo y si yo quería dárselo por mi propia cuenta, se lo daría. Yo les dije que se lo llevara. Por lo menos así tenía donde dormir. Lo que no me imaginaba es lo que hizo después: salió con su ropa, la metió en el coche y dijo que el televisor se lo llevaba porque lo había comprado él. El policía me volvió a preguntar y le respondí que dejaran que se lo llevara y que se la metiera por donde le cupiera. A Gregorio no le importó que sus hijos se quedaran sin tele.

Cuando salió para montarse en el coche, empezó a gritarles a mis padres, les dijo que todo lo que le había pasado había sido culpa de ellos y que algún día se la iban a pagar. A mí me gritó que cuando me cogiera, me iba a matar. Mi hermano el pequeño, que solo tenía quince años, fue a lanzarse sobre él pero el policía lo contuvo y nos dijo que no le hiciéramos caso porque estaba borracho, que lo que quería era provocarnos para luego denunciarnos. Cuando se marchó, el mayor de los policías me dijo que cogiera y cambiara las cerraduras. Yo les di las gracias y se marcharon.

En cuento se fueron, le pedí a mi padre que me acercara a comprar las cerraduras. Yendo hacia la ferretería me dijo que ahora si comprendía lo que había estado pasando con él. Mi madre, sorprendida, me dijo que jamás había visto a Gregorio así. «Eso no es nada. Eso solo es un aperitivo que os ha enseñado para que veáis su verdadera cara. ¿Te acuerdas cuando te contaba las cosas y me decías que yo estaba loca?», le pregunté a mi madre. «¿Qué cosas?», se hizo la desentendida. «Mamá, eran tantas, pero te voy a recordar dos nada más. ¡Te acuerdas cuando una vez te dije: "Mamá he bajado a casa de la abuela Dolores y me salió una serpiente que me hipnotizó, que se puso de pie y hasta que no se movió yo no pude echar un paso?". Tú no te lo creíste y me dijiste, como siempre, que estaba mal de la cabeza y que por qué te decía esas cosas. Pues eran un aviso de que algo malo me iba a pasar y tú nunca creíste en mí». Luego continué: «Pues hubo una persona que siempre me ha apoyado en todo y para mí es como mi segunda madre». «Hija, ¿pues quién es tu segunda madre?». Le contesté que su misma madre. Cogió y se calló. Y ahora va la otra, le dije: «¿Te acuerdas cuando tuve el accidente con Gregorio? Bueno, eso decías tú, que había sido un accidente, que cómo iba a matarme. Pues pasaste de mí como si te estuviese contando una mentira, cuando todo lo que te conté era verdad. Yo te decía: "Me ha querido matar", y te conté cómo pasó, que iba todo el camino dando volantazos de un lado a otro, cantando que me iba a matar, y tu no lo creíste tampoco. Pues eso jamás lo olvidare, que le creyeras a él antes que a tu propia hija, porque casi mata a mi hijo, no le importó que fuera el niño con nosotros... Y como esa, muchas veces más lo preferiste a él antes que a mí». Lo único que dijo fue que eso había pasado hace mucho tiempo. «Ya, pero para mí se paró el tiempo en ese momento pero hoy, gracias a Dios y a mis fuerzas, he salido de ese pozo». Mis padres se callaron como de costumbre.

Cuando regresamos a mi casa, iba dispuesta a llamar a un cerrajero cuando me dijo mi padre que no llamara a nadie, que me cambiaba las cerraduras él. Le contesté que me parecía bien pero que yo se lo pagaba. Él se calló porque me conocía, y si en ese momento me hubiera dicho que no me iba a coger el dinero, no lo hubiese dejado poner las cerraduras. Fue tal como lo pensé: no quiso cobrarme nada. Entonces le dije que ya no le iba a dejar que hiciera nada en mi casa. Mi padre me contestó: «Por eso y porque te conozco no te he dicho nada antes». Cogieron y se marcharon.

Por fin me había liberado de una carga que llevaba conmigo por mucho tiempo. Por fin sola con mis hijos, que eran lo que mas quería y nunca me he arrepentido de haberlos tenido.

Yo pensé, otra vez, que todo había acabado, pero no fue así. Era todo lo contrario. La verdadera realidad comenzó para mí. Yo estaba tal ilusionada que me superaba la realidad. Me parecía como si hubiese salido de una pesadilla y nunca me imaginé que se me avecinaba otra y más gorda. Cuando Gregorio empezó a llevarse a los niños todo parecía normal. Estuvieron yendo con él los cuatro, pero al mes, la mayor me dijo que ya no quería ir más con él. Le pregunté que por qué y me respondió que porque solamente la quería para que le hiciera las cosas y bañara a la abuela. Le contesté que si no quería, que yo no la iba a obligar. Y así lo hizo: mi hija ya no fue más con él

Dos meses después, mi segundo hijo también me dijo más o menos lo mismo. Le pregunté lo mismo que a su hermana. Me contestó que su padre había puesto un bar y lo dejaba solo, y que cuando venía lo insultaba. Yo le conteste que no fuera más si no quería, que si había algún problema ya lo arreglaría yo. Ya eran dos. Entonces hablé con mi abogada por teléfono y le conté todo. Ella me contestó que no pasaba nada ya que al ser más grandes no tenían que ir si no querían. Pues así se quedaron las cosas de momento.7

Luego el más pequeño me vino llorando y me contó lo que le había pasado. «Mamá, me ha hecho así con una navaja». Él era muy chico y me describía la forma en que le había puesto la navaja en el cuello. Además le había dicho: «A tu madre la voy a matar así». Eso ya no lo aguanté y cuando llegó el lunes llevé al niño para que se lo contara todo a mi abogada. Ella me dijo: «Juana tú no entres, quédate ahí que vamos hablar nosotras con él». La abogada salió riéndose y me dijo: «Pobrecito, qué gracioso cómo me lo ha contado. Juana, no dejes que ninguno vaya con su padre. Esto va para el juez de menores». Y luego me dijo: «Juana, cuando vaya el viernes tú solo le dices que venga a hablar conmigo si quiere ver a sus hijos, pero contrólate». Yo le contesté: «Lo intentaré, pero no te prometo nada. Que me saque a mi una navaja, vale, pero... ¿a un hijo mío? Eso es sagrado para mí». «Bueno, Juana, si necesitas algo, aquí estamos», me respondió. Entonces me fui con mi niño a casa.

El viernes lo vi venir por abajo y salí hacia él antes de que subiera la cuesta de mi casa para que los niños no lo vieran. Le pregunté a qué venía y me contestó que a por los niños. Lo cogí de la camisa y le dije: «Jamás se te ocurra volver a poner una navaja a ninguno de mis hijos porque te mato». En ese momento, que parece que lo hizo el mismo Dios, subían mis padres a casa de mi hermano. Al ver que lo tenía cogido y contra la valla del colegio, se bajaron y me pidieron que lo soltara. Yo nada más oía voces, pero no atendía. Me tuvieron que coger a la fuerza para quitarle las manos de encima. Si no hubiesen llegado, no me imagino qué habría pasado. Mi padre le dijo: «Vete de aquí. Yo no sé lo que has hecho, pero para que ella te coja así, muy fuerte tiene que ser». Gregorio le contestó que él no había hecho nada, que yo estaba loca. Al oír esa palabra me abalancé otra vez sobre él. Mi padre le volvió a decir: «Tira de aquí que yo no puedo con ella y esta te mata hoy». Él cogió y se marchó corriendo.

A mí me subieron a casa con un ataque de nervios. Mis padres me preguntaron qué había pasado. Les dije que llamaran al niño y se lo iba  a contar él, porque si se lo contaba yo no lo iban a creer. Llamé al niño y él se lo contó todo. Mi padre dijo: «¡Anda con Gregorio, cómo se las gasta con los niños pequeños!». Yo les dije: «No solo con el chico sino con todos. Ese es tu yerno de tu corazón». Mi padre me pidió que me tranquilizara, que ya había pasado todo. «Por supuesto. Y que no me lo ponga Dios por delante jamás». Mi madre no decía nada. Era como una piedra. Nada más hablaba mi padre. Ella callada a todo.

Desde ese día no lo volvimos a ver más. Cuando estuve más tranquila, empecé una nueva vida para mí y mis hijos. Yo tenía veintisiete años y parecía una de cuarenta de lo mal que lo había pasado con él. Me parecía a Betty, la fea. No me cuidaba nada. Lo único que me llevé de él fue mi venganza: cuando tuve al más chico hice que se operara para no tener más hijos. Él a lo mejor se imaginaba que iba a estar toda la vida conmigo, pero qué equivocado estaba. Esa fue la mayor alegría. Esa fue mi venganza por tantos años de malos tratos. Y fue poco. Se merecía más pero bueno, Dios está arriba, que lo juzgue Él, para eso es el Todopoderoso.

Mi vida dio un giró cien por cien. Cambió todo para bien. Cambié de luz. Me corté el pelo, me puse a dieta y empecé a disfrutar de la vida. El trabajo no me faltaba. Empecé a estudiar en el área de la mujer por las mañanas y por las tardes me iba a reuniones de mujeres separadas. Ahí conocí a varias chicas de mi edad que habían pasado lo mismo que yo y otro tipo de experiencias similares. Quedábamos los sábados por la noche. Por supuesto mi hija, la mayor, también salía. Nos turnábamos para quedarnos con los niños. Ella salía por las tardes y yo por las noches. Tampoco volvía muy tarde, porque la gente de barrio ya sabemos lo que es y una mujer separada era toda la novedad para hablar por detrás. Por delante la gente te pone una cara de felicidad, como si se alegraran de que te vayan bien las cosas cuando en realidad te están devorando.

La única que me comprendía era mi vecina Carme y eso que era gitana. Ella me decía: «Tote, no salgas sola. Vete con mis niños, que la gente habla mucho». Y por supuesto le hice caso; ella era una mujer mayor. Por lo menos podía callar a la gente porque ella veía lo que hacía yo, no bebía nada de alcohol, solamente bailaba. Me encanta el baile.

Un sábado íbamos como siempre con mis vecinos. Uno de ellos tenía el sexo cambiado. Se llamaba Rebeca. Nació chico pero en realidad era una auténtica chica, guapísima. No había hombre que no se arrimara a ella. Yo me quedaba flipando. La verdad vestía impresionante y daba gusto estar con ella.

El 13 de junio cumplía años mi hija, la mayor, y le dije: «Hija, como hoy es sábado se queda tu hermano con los niños y te vienes con nosotros». Ella estaba muy ilusionada porque muchas veces me decía que quería ir conmigo y como era un día especial para ella, pues me la llevé. La verdad lo pasamos muy bien, pero sus amigos se arrimaban mucho y le preguntaban que quién era yo. Ella, por supuesto, les decía la verdad, que era su madre. Ellos le decían que era imposible que yo fuera su madre. Ella  les decía que me preguntaran. Bueno, liaron una que querían hacer hasta apuestas.

No se creían que era su madre porque decían que yo era muy joven. Yo les decía que era porque la había tenido muy joven. En realidad, éramos como hermanas e íbamos a todos lados juntas. Me acuerdo que le dije: «¿Ves lo que pasa si nos vamos juntas? Por eso te dije que tu por la tarde y yo por la noche, porque si no te ibas a enfadar». Es que pasaba una cosa: los amigos de ella me pedían el teléfono para salir, pero yo no se los daba, les decía a que yo era muy mayor para ellos.

Un sábado, aunque iba con mis vecinos, quedé también con mis amigas. Una de ellas cumplía años, así que nos juntamos una buena cuadrilla. Hubo un concurso de baile en el que regalaban un viaje. Mis amigas y mis vecinos me decían que subiera, que seguro me lo ganaría. Mira por donde conocí a un chico que todo el rato andaba detrás de mí. Con el me pasó una cosa que si me descuido, me toca el trasero. Pensaba que era extranjera. Se me arrimó y me preguntó que de dónde era. Le contesté que era de donde él. En plan cachondeo me dijo: «¿Te vienes a coger melocotones?». Esa noche vino también un hermano de mi cuñada y se puso por detrás y me dio un bocado. Cuando me di la vuelta vi que era él, le dije: «Elmer, no vuelvas hacer eso porque te has podido llevar una buena galleta». Volvió y me mordió pero porque nos conocíamos desde pequeños seguí la conversación. Me dijo: «¡Anda!, ¿es que también conoces a mi primo?». Le dije: «Sí, pero no sabía que era primo vuestro. Aquí lo tengo, que dice que me vaya con él a coger melocotones». Se acercó a él y le preguntó si me conocía. Él dijo que no. Elmer le explicó que yo era la cuñada de su hermana Loren. El otro se quedó que no sabía dónde meterse. Yo empecé a reírme y Elmer me lo presentó formalmente; desde entonces nos juntamos todos los sábados.

Empezaba el concurso y les dije a los chicos de mi grupo: «Pero no voy a bailar sola, ¿a ver quién viene conmigo? Ninguno quería porque a todos les daba vergüenza. Les dije que entonces no subía porque tenía que ser por parejas. Había uno detrás que me escuchó y me dijo muy amablemente: «Oye, ¿no te importa que suba contigo?». Yo le dije: «Mientras las manos estén retiradas de mí, *okay*. Y vaya si lo ganamos. Pero simplemente fue un reto porque en verdad después no fuimos a ningún viaje. Ni por mi parte ni por la del chico. Simplemente fue una anécdota para mí. Mira por donde, esa noche estaba el que menos esperaba en la discoteca. Rebeca fue la que me diji: «Mira, Juani, quien está ahí». Yo no veía y me dijo que mirara hacia enfrente. Y estaba Gregorio. Encima también estaba mi tío. Los dos me miraron. Yo a Gregorio no le di importancia, ya llevaba un año separada. Que me viera mi tío me venía muy bien, pues la gente cuando te separas se piensa que vas en busca de otra clase de diversión. Pues él vio lo que hacía y luego calló muchas bocas. Les dijo a muchos que no sabían lo que hablaban porque él me había visto bailando y nada más, porque eso fue lo único que hice esa noche.

Aparte que yo no quería saber nada de hombres por entonces. Solamente quería divertirme y nada más. A mucha gente que hablaba mal de mí el Señor fue castigando. Por eso siempre digo: «No se puede hablar del vecino que el tuyo viene de camino». Es un dicho, pero que a la larga sirve. Una tarde, cuando más feliz estaba, subieron mis padres. Yo por supuesto no los esperaba. Desde mi separación nos visitábamos poco. Así que me sorprendí y les dije que se sentaran y si querían un café. Ambos me contestaron que no. Yo les dije: «¿Que ángel a caído que habéis venido a verme?». Mi madre me contestó: «Hija, tu padre dice que quiere hablar contigo, que no está tranquilo si no habla contigo». Yo le dije: «Pues que hable, aquí estoy, ¿qué pasa?». Y mi padre me contestó llorando: «Hija, es que no puedo ni dormir si no te pido que me perdones por todo el daño que te causé». Yo le dije que era cosa del pasado y que no quería ni acordarme. Él siguió diciéndome: «Pero si no me perdonas no voy a estar a gusto porque por dentro me estoy consumiendo por todo lo que hice contigo». Mi madre no me decía nada, ni pedirme perdón ni nada. Ella también tenía mucha culpa de todo lo que yo pasé. Mi padre no hacía más que llorar y me insistía en que lo perdonara. Así que le aclaré: «Sí, te perdono pero no olvidaré el calvario que me hiciste sufrir y el pozo donde me metiste después, con un hombre mayor que yo y encima borracho. Para colmo, le dijiste cosas que eran falsas, como que yo me había acostado contigo para porque jamás se me hubiera ocurrido eso con mi propio padre». Él me juró que nunca había contado eso, que jamás se le hubiera ocurrido. Yo le dije: «¿Entonces cómo sabía que tú me querías para ti». No dijo más, se calló la boca. Entonces le dije a mi madre: «Ahora voy contigo, ya que habéis venido a sacar trapos sucios, pues vamos alabarlos. ¿De quién fue la idea de las cartitas? Porque todo empezó por eso, por las cartas que le mandabais en mi nombre. Que si no me lo dice la abuela de mis hijos, nunca me hubiese enterado. ¡Anda, madre, que bien nos la liasteis a mí y a él!». Ella me respondió diciéndome que mi padre lo había planeado todo, que ella solo escribía las cartas. Le contesté que ya lo sabía todo pero quería oírlo de sus bocas. Jamás se me ocurriría a mí hacer eso con ninguno de mis hijos, antes muerta. Entonces les dije: «Para mí estáis perdonados y no quiero hablar más del tema porque yo soy feliz ahora y no quiero que nadie me amargue la vida. Bastante he sufrido ya y quiero pasar página».

Mi padre me dijo que me prometía que ya no se iba a meter más en mi vida. «Ni tú ni nadie. Yo soy mayorcita para tomar mis decisiones», le aclaré. «¿Me permites darte un consejo pero como un padre de verdad», me preguntó. Le contesté que sí, que adelante. «Es que nos hemos enterado que estas saliendo con un hermano de tu cuñada Loren». Me eché a reír y le dije: «Qué equivocados estáis. Ya os enterareis. Pero no te preocupes que sé cuidarme sola, padre. Estoy cuidándome desde los doce años y mira si me cuidé bien». Entonces me dijo que siendo así no había más que hablar, que él solamente quería eso: que lo perdonara. «¿Me puedes dar un beso y un abrazo como un padre hacia su hija?». «Por supuesto y te perdono por eso, porque eres el padre que me hizo», le dijo, nos abrazamos y se fue llorando. Mi madre, sin embargo, siguió tan dura como siempre.

Pero con el tiempo las personas cambian y mi madre, por supuesto que sí, ¡también cambió! Y yo rehice mi vida.


FIN DE MI PRIMERA PARTE.

J.R.M